FLOR ENZ

W0235605

INSIDER-TIPP
Deine
Abkürzung
ins Erleben!

Reisen mit MARCO POLO
Insider-Tipps

Ristorant
Pizz

MARCO POLO TOP-HIGHLIGHTS

PONTE VECCHIO 🔟

Wenn der Arno im Lichterschein glänzt, glitzern auch die Juwelen auf der Brücke – bis die schweren Holzläden geschlossen werden.

📷 *Tipp: Bei Dämmerung oder nachts von der Ponte Trinitá aus mit Spiegelung der Häuser im Arno. Kitschig schön!*

➤ S. 28

DUOMO DI SANTA MARIA DEL FIORE & CAMPANILE 🔟

Man kann schon mal eine Genick-starre riskieren, um Kuppel und Glockenturm nur von unten anzu-sehen (Foto).

📷 *Tipp: Halt den großen Dom im kleinen Rahmen fest: Nach dem Regen spiegelt er sich in vielen Pfützen*

➤ S. 36

SANTA CROCE 🔟

Im Tod sind sie alle gleich, nur ihre Grabmäler unterscheiden sich. Geh in der Bettelordens-kirche der Franziskaner auf Entdeckungstour.

➤ S. 52

GALLERIA DEGLI UFFIZI 🔟

Unzählige Kunstschätze und eine Dachterrasse mit herrlichem Blick.

📷 *Tipp: Monumentale Tiefe: vom Palazzo Vecchio mit Blick zum Fluss, Kamera frontal, leicht nach oben!*

➤ S. 33

SAN MINIATO AL MONTE 🔟

Schönste Kirchenromanik mit ei-nem überwältigenden Blick über die gesamte Stadt.

📷 *Tipp: Ganz unten an der Treppe (leg dich fast drauf!) und dann Foto von unten nach oben*

➤ S. 61

LA MENAGÈRE ★ **6**
Eine coole Location – Café, Dining-Bar, Conceptstore und Blumenladen in einem.

➤ S. 100

IL SANTO BEVITORE ★ **7**
Wunderbar, um den Tag schlemmend im Oltrarno ausklingen zu lassen.

➤ S. 77

MERCATO SAN LORENZO ★ **8**
Auf dem Markt draußen drängeln sich die Touristen, nicht aber in der Markthalle, wo Florentiner Hausfrauen mit den Händlern feilschen.

➤ S. 88

FIESOLE ★ **9**
Älter, höher gelegen und kunsthistorisch ebenso interessant wie Florenz.
📷 *Tipp: Das Panoramabild: vom höchsten Punkt, dem Kloster San Francesco, runter auf die Stadt – mit Zweig im Vordergrund für mehr Tiefe*

➤ S. 64

MAGGIO MUSICALE FIORENTINO **10**
Internationale Musik- und Ballettfestwochen mit berühmten Künstlern.

➤ S. 110

INHALT

BESSER PLANEN MEHR ERLEBEN!

Digitale Extras
go.marcopolo.de/app/flo

🕐   Besuch planen

€ – €€€   Preiskategorien

(*)   Kostenpflichtige Telefonnummer

☂   Bei Regen

🐷   Low Budget

👶   Mit Kindern

🚩   Typisch

(🗺 A2) Herausnehmbare Faltkarte
(🗺 a2) Zusatzkarte auf der Faltkarte
(0) Außerhalb des Faltkartenausschnitts

INHALT

DAS BESTE ZUERST

Blick vom Piazzale Michelangelo

BEST OF ☂

BEI REGEN

SCHÖN, AUCH WENN ES REGNET

KLEINE OASE ZUM ABSCHALTEN
Im *Museo degli Innocenti* könnt ihr auch bei schlechtem Wetter auf der überdachten Terrasse beim Cappuccino den Blick auf den Dom genießen.
➤ S. 46

7 MUSEEN UNTER EINEM DACH
Einst lebten hier die Großherzöge der Medici und für eine kurze Zeit sogar die italienische Königsfamilie. Heute beherbergt der *Palazzo Pitti* sieben der berühmtesten Museen der Stadt
➤ S. 57

KUNST IM RENAISSANCEPALAST
Moderne Kunst oder alte Meister – die Ausstellungen im *Palazzo Strozzi* (Foto) wechseln zwischen Alt und Neu. In der Strozzina findet ihr meist zeitgenössische Kunst. Und nach dem Besuch dann noch eine Pause im Café des Innenhofs. So kann man auch einen Schlechtwettertag verbringen.
➤ S. 41

AUSZEIT IM WELLNESSPARADIES
Es gibt auch trübe Tage in Florenz – Zeit für einen Entspannungstag im *Asmana*. In Sauna und Hamam tankt man wieder neue Energie und vergisst auch das schlechteste Wetter.
➤ S. 109

FILMTHEATER IN PLÜSCHSESSELN
Schon die drei Portale des Eingangs sind einladend und bringen euch in die richtige Stimmung. Denn jetzt wird's gemütlich. Mit einem guten Film im schönsten Kino von Florenz , dem *Odeon Cinehall,* kann man einen Schlechtwettertag bestens überbrücken.
➤ S. 103

KAFFEE NONSTOP
La Cité-Libreria Café ist eines der wenigen Cafés, in denen man so lange bleiben kann, wie man will. Lesen, lernen, quatschen, auch wenn draußen die Welt untergeht.
➤ S. 70

BEST OF
LOW-BUDGET
FÜR DEN KLEINEN GELDBEUTEL

SONNTAGSKUNST
Falls ihr außerhalb der Saison am ersten Sonntag des Monats in der Stadt sein solltet, habt ihr Glück, denn dann ist *Domenica al Museo*: Alle staatlichen Museen sind kostenlos – von den Uffizien über die Medici-Kapellen bis zur Galleria dell'Accademia mit dem Original-David von Michelangelo (Foto).
➤ S. 136

EINE PAUSE IN DER BIBLIOTHEK
In der Bibliothek *Le Oblate* sitzt man fast ungestört unter Klosterarkaden. Brunelleschis Kuppel ist zum Greifen nah, für Kinder gibt es einen Spielbereich. Das Ambiente kostet nichts – da kann man sich schon mal einen Cappuccino und eine brioche gönnen.
➤ S. 70

EIN DRINK UND ALL YOU CAN EAT
Zwischen 19 und 21 ist *Aperitivo*-Zeit. Ihr holt euch für ca. 10 Euro ein Getränk, und dann geht's direkt zum Buffet. In vielen Bars der Stadt gibt's Pasta, Gemüse, Nudelsalate, Häppchen – also eigentlich alles. Theoretisch ist der *aperitivo* ein Vor-Abendessen, aber danach ist man definitiv satt.
➤ S. 103

STADTRUNDFAHRT MIT DEM C3
Der kleine *Elektrobus C3* fährt durch die engen Gassen des alten Florenz vorbei an Piazza Pitti, Piazza Santa Croce und überquert zweimal den Arno. Er ist damit die günstigste Stadtrundfahrt – mit 1,50 Euro seid ihr dabei.
➤ S. 137

SPARSAM ESSEN
Nicht, was die Menge angeht, denn bei *Da Giorgio* werden *primo* und *secondo* (also erster und zweiter Gang) plus Wasser und Wein serviert, mittags für 13, abends für 15 Euro. Einfache toskanische Küche, sehr gutes Preis-Leistungs-Verhältnis.
➤ S. 78

BEST OF

MIT KINDERN

SPANNENDES FÜR GROSS & KLEIN

GEHEIMGÄNGE

Gemälde, Landkarten – alles nur Tarnung. Dahinter tun sich die *geheimen Gänge der Medici* auf, perfekt, um ungesehen zu fliehen oder wertvolle Objekte zu verstecken. Kurios und spannend für Kinder. Die Associazione MUS.E veranstaltet Führungen im Palazzo Vecchio in kleinen Gruppen.

➤ S. 33

GEHANGEL DURCH BÄUME

Großer Spaß für Klein und Groß. Im *Parco Avventura Vincigliata*, nur 10 Minuten mit dem Auto von Florenz, kann man sich sicher durch die Bäume hangeln.

➤ S. 109

BRUNELLESCHIS KUPPEL ERKLIMMEN

Ausdauer und Schwindelfreiheit brauchen Kinder für die Besteigung der *Domkuppel*. 463 Stufen führen steil nach oben, und es gibt kein Zurück.

Auf dem Weg kann man immer wieder aus kleinen Luken auf die Stadt spähen, ihr seht die grandiosen Fresken – und ganz oben: 360-Grad-Panoramablick!

➤ S. 36

ABKÜHLUNG GEFÄLLIG?

Sightseeing im Sommer ist anstrengend und der Arno ist nichts zum Baden. Aber der Parco delle Cascine ist nicht weit und da befindet sich mit dem *Pavoniere* das schönste öffentliche Schwimmbad der Stadt.

➤ S. 62

BEI GALILEO ZU BESUCH

Geräte, Planetenmodelle, das erste Teleskop, Fernrohre, alles spannend für neugierige Kinder und Erwachsene. Besonders faszinierend: der interaktive Bereich des *Museo Galilei*, da könnt ihr selbst Hand anlegen und verstehen, wie was funktioniert.

➤ S. 55

BEST OF

TYPISCH

DAS ERLEBST DU NUR HIER

JUWELEN AUF DER BRÜCKE
Der *Ponte Vecchio* ist sicher einmalig. Auf welcher Brücke gibt es schon überhängende Läden? Am schönsten, wenn die Lichter der Stadt auf dem Arno mit den Juwelen in den kleinen Brückenläden um die Wette glitzern.
➤ S. 28

MUSEUM STATT BÜROS
Büros *(uffizi)* für die Landesverwaltung sollten hier untergebracht werden, als Cosimo I. den repräsentativen Bau 1559 bei Vasari in Auftrag gab. Zum Glück waren die Medici Kunstliebhaber. Heute sind „die Büros" als *Galleria degli Uffizi* weltberühmt.
➤ S. 33

GELATO ARTIGIANALE
Vom einfachen Milchgeschäft zur weltberühmten Eisdiele: *Vivoli* ist trotz vieler anderer guter Eisdielen immer noch die Florentiner *gelateria* par excellence! Das nach hauseigenem Rezept hergestellte Eis wird aus den Räumen im Herzen von Florenz für besondere Festlichkeiten sogar bis nach Australien verschickt.
➤ S. 72

SANDWICH ALLA FIORENTINA
Ein würziges *panino al lampredotto* oder eine *trippa alla fiorentina* an einem der urigen Büdchen wie dem *Antico Trippaio* (Foto) gehört in Florenz einfach irgendwann dazu. Seid aufgeschlossen und gebt den Florentiner Spezialitäten eine Chance!
➤ S. 79

KUNSTHANDWERKERVIERTEL
Oltrarno ist das echte Florenz. Mit seinen lebendigen Plätzen, dann wieder stillen, kühlen Gässchen, Geschäften, vielen kleinen Werkstätten und Kunsthandwerkerateliers ist die Atmosphäre in *San Frediano* auch heute noch sehr florentinisch.
➤ S. 122

SO TICKT FLORENZ

Galleria degli Uffizi

ENTDECKE FLORENZ

Plötzlich öffnen sich die engen Gassen, und man steht mitten auf der Piazza S. Croce

Wer konnte,59 v. Chr., als Julius Cäsar die Kolonie Florentia gründete, ahnen, dass diese Stadt Jahre später von Millionen überrannt werden würde? Obwohl man hier durch teilweise kleinste Gassen schlendert, ist Florenz eine Metropole, wenn auch im Kleinformat, und sicherlich eine der schönsten Städte der Welt, die jeder auf seine Art entdecken kann.

EINE KLEINE WELTSTADT

Auf Plätzen wird sich gesonnt, am Abend scharen sich Gruppen um Straßenmusikanten, stehen vor Bars und Trattorien. Genießer füllen Restaurants und Enotheken und wählen mit Kennerblick Schinken, Käse, Wein und Olivenöl aus. Gut betuchte Asiaten, Amerikaner und Europäer schleppen glücklich die Last ihrer Einkäufe, die sie auf den noblen Shoppingmeilen erstanden haben. Und irgend-

59 v. Chr.
Errichtung in der römischen Kolonie Florentia

13. Jh.
Der Florentiner Dante Alighieri macht Italienisch zur Literatursprache

1348
Eine Pestepidemie halbiert die Bevölkerung der Stadt

1420
Baubeginn der von Filippo Brunelleschi entworfenen Domkuppel

1434
Cosimo de' Medici kommt an die Macht, Beginn der Medici-Vorherrschaft

1504
Aufstellung des Davids von

wann begegnen sich alle in den Warteschlangen vor den Uffizien, dem Palazzo Pitti oder der Galleria dell'Accademia wieder. Denn Florenz steht vor allem anderen für die Kunst. Das Ensemble aus Kirchen und Palästen, Plätzen und Gassen, Brunnen und Statuen ist ein über Jahrhunderte gewachsenes Gesamtkunstwerk, das auf der Welt seinesgleichen sucht. Die schönsten Plastiken, Gemälde und Tapisserien sind in den Kirchen und in über 70 Museen der Stadt ausgestellt. Und oft sind die Paläste von herrlichen Gartenanlagen umgeben. Viele von ihnen sind für Besucher geöffnet. Aber auch eine Tür mit ihrem bronzenen Handknauf, ein Fenstergesims oder eine Dachtraufe ist oft ein kleines Kunstwerk. Fast alle Sehenswürdigkeiten kann man zu Fuß erreichen. Kleiner Tipp: Erkundet die pittoresken Gassen abseits der Hauptrouten. Sie sind nicht so bekannt und werden daher in keinem Reiseführer beschrieben, aber wenn man die Augen offen hält, entdeckt man hier genauso viel Besonderes.

IM ZEICHEN DER MEDICI

300 Jahre bestimmte allein eine Familie die Geschicke der Stadt: die der Medici. Mit ihrem Reichtum, ihrem Kunstsinn und ihrem Mäzenatentum prägte sie maßgeblich Entwicklung und Aussehen von Florenz. Den Medici sind viele bedeutende Bauwerke zu verdanken, so der Palazzo Medici Riccardi, der Wohnsitz von Cosimo Il Vecchio mit der wunderschönen Gozzoli-Kapelle, oder die Kirche San Lorenzo mit der ganz mit Halbedelsteinen ausgelegten Cappella dei Principi, dem Mausoleum der Familie. Ebenso gehen die Galleria degli Uffizi mit ihrer

Michelangelo Buonarroti vor dem Palazzo della Signoria

1610 Galileo Galilei wird von Cosimo II. an den Hof der Medici berufen

1865–1870 Florenz ist Hauptstadt Italiens

August 1944 Sprengung aller Brücken bis auf den Ponte Vecchio durch die deutschen Truppen

1966 Hochwasserkatastrophe mit 34 Todesopfern und zahlreichen Kunstschäden

2021 Wiedereröffnung des Corridoio Vasariano

weltbekannten Gemäldesammlung oder der Palazzo Pitti mit seinen Kunstschätzen auf die Medici zurück. Auch die prächtigen Medicivillen in der unmittelbaren Umgebung der Stadt sind heute Touristenmagneten. Und es war eine Frau, Anna Maria Luisa (1667–1743), die letzte dieser mächtigen Familie, die in ihrem Testament verfügte, dass „von den Dingen, die zum Schmuck des Staates, zum Nutzen der Öffentlichkeit und als Anreiz für die Neugier der Fremden (!) bestimmt sind, nichts veräußert oder aus dem Gebiet des Großherzogtums fortgebracht" werden dürfe. Als hätte sie es vorausgesehen, welche Bedeutung die Sammlungen in der Zukunft für die Stadt haben würden.

WOHNEN IM ZENTRUM? KAUM BEZAHLBAR!

Als Florenz 1865–71 Hauptstadt des neu gegründeten Königreichs wurde, erlebte die Stadt ihre zweite Renaissance. Aus repräsentativen Gründen ließ man das alte Marktviertel und das mittelalterliche Ghetto abreißen und dafür die Piazza della Repubblica anlegen. Die große Stadtmauer wurde geschliffen und in ihrem Verlauf die breite Ringstraße gebaut, heute eine der wichtigsten Verkehrsadern. Drum herum entstanden großbürgerliche Stadtviertel. Die Stadtplaner haben glücklicherweise immer verhindert, dass sich das jahrhundertealte Stadtbild des Zentrums wesentlich veränderte. Heute lebt hier nur noch der kleinste Teil der rund 382 000 Einwohner von Florenz, denn die Wohnpreise gehören inzwischen zu den teuersten Italiens. Florentiner trifft man daher normalerweise nur noch in der Innenstadt, wenn sie dort zur Arbeit gehen.

VERGANGENHEIT TRIFFT AUF MODERNE

Lange hat diese Stadt fast ausschließlich von ihrer glorreichen Vergangenheit gezehrt. Auch heute tut sich Florenz im Vergleich zu anderen Städten noch schwer mit der Moderne, obwohl versucht wird, ihr immer mehr Raum zu geben. Man bemüht sich, Florenz zu „entstauben", und lässt sich auf Experimente ein. Vom avantgardistischen Theater bis zu Performances ist mittlerweile alles erlaubt und erwünscht. Die historischen Plätze bilden eine eindrucksvolle Kulisse für moderne Installationen und Straßenfeste. Auch das Florenz der Zukunft wird seine Besucher begeistern.

EIN EINFACH KITSCHIG-SCHÖNER AUSBLICK

Wenn man vom Piazzale Michelangelo oder von Fiesole auf Florenz herunterblickt, bekommt man einen guten Eindruck von dem wunderschönen Umland: Der Fluss Arno schlängelt sich mitten durch die Stadt, auf den umliegenden Hügeln die gelb-rötlich leuchtenden Villen und viele Zypressen, die das typische Bild der Toskana ausmachen. In der kalten Jahreszeit kann man an klaren Tagen sogar die schneebedeckten Berge des Pratomagno und des Apennin östlich und nördlich der Stadt sehen. Klingt wie die Beschreibung einer Kitschpostkarte? Ist aber einfach so. Prüft es nach!

AUF EINEN BLICK

382 000
Einwohner

Touristen im Juni:
ca. 700 000

Seit 1339

besitzt Florenz als erste Stadt
Europas gepflasterte Straßen

149,28 m
Länge des Doms

Drittlängstes Kirchenschiff
weltweit

2,2 Mio.
Besucher der Uffizien 2018

Alle fünf Museen der Berliner
Museumsinsel zusammen
im selben Jahr: 2,4 Mio.

**REICHSTER
FLORENTINER**

MEDICI

Umgerechnet
450 Mrd. $ besaß
Cosimo Il Vecchio

**DURCHSCHNITTS-
TEMPERATUR**

15,8°C

FRANKFURT: 10,0°C

**BELIEBTESTER
REISEMONAT**

AUGUST

Obwohl es dann am
heißesten ist

UNESCO-WELTERBE

Weltgrößte Anhäufung international bekannter Kunstwerke – die
gesamte Altstadt wurde 1982 zum Unesco-Weltkulturerbe erklärt

DANTE

Begründer des heutigen Italienisch

STRASSENKÜNSTLER
Clet Abraham - macht
Verkehrsschilder zu Kunst

15 MIO. ÜBERNACHTUNGEN
(inoffiziell 18 Mio.)
Amsterdam: 9,8 Mio.

FLORENZ VERSTEHEN

ES WIRD MENSCHLICHER: DIE RENAISSANCE

Alles, was man je über diese Kunst-epoche (ca. 1420–1600) gehört hat, gibt's hier im Original: die wissen-schaftlichen Erkenntnisse von Leonardo da Vinci und Galileo Galilei, architektonische Meisterleistungen wie die der Domkuppel von Brunelleschi oder des Palazzo Rucellai von Leon Battista Alberti und die traumhaften Gemälde von Sandro Botticelli, die in den Uffizien hängen. Und natürlich Michelangelos David ... nicht nur im Original, sondern auch als Souvenir, überall und in allen Formen. Nicht umsonst nennt man Florenz die „Hauptstadt der Renaissance", also die Stadt der Wiedergeburt antiker Ideale. Es war der Trend der Zeit: Im Gegensatz zum Mittelalter wurde jetzt der Mensch ins Zentrum des Geschehens gestellt – nicht nur in der Architektur, sondern auch in der bildenden Kunst und in der Forschung.

MAL WAS NEUES

Als Jeff Koons' glitzernde Popstatue auf der Piazza della Signoria gleich neben dem David platziert wurde, ging ein Aufschrei durchs Netz und durch die Stadt. Michelangelo würde sich im Grab umdrehen, hieß es, und von einer Entweihung der Piazza war die Rede. Koons wollte, dass seine Statue bleibt, die Stadt wollte das nicht.

Neue Kunst hat's nicht leicht in Florenz, aber wer sucht, findet einiges. Gleich am Flughafen begrüßt euch Fernando Boteros grandioser „Spatz", Henry Moores „Warrior with Shield" steht im Klosterhof von Santa Croce, der belgische Bildhauer Jean-Michel Folon ist gut vertreten in der Stadt, und Straßenkünstler Clet Abraham macht sich an Straßenschildern zu schaffen. Regelmäßig finden zudem Ausstellungen moderner Kunst statt, vor allem im Palazzo Strozzi versucht man, mit großen Namen wie Bill Viola, Ai Weiwei oder Marina Abramović die Tür zur Gegenwart zu öffnen. Viele Galerien bieten moderne Kunst zum Verkauf, und auch das Museo del Novecento gibt einen guten Überblick. Echte Fans zeitgenössischer Kunst sollten aber einen Trip ins benachbarte Prato zum *Museo Pecci* machen, einem der interessantesten und wichtigsten Museen der Gegenwartskunst Italiens.

> **INSIDER-TIPP**
> Moderne Kunst gleich nebenan

FLORENCE FASHION

Made in Italy hieß früher made in Florenz. Graf Gian Battista Giorgini hatte das ewige Kriegsgrau satt und organisierte 1951 im privaten Zirkel seine erste Modenschau. Das Ereignis erregte international Aufsehen und war der Beginn der dann jährlich stattfindenden Schauen im Palazzo Pitti. Die Modewelt schaut jetzt eher nach Mailand, aber unter dem Namen „Pitti Uomo" (pittimmagine.com) wird im Januar und Juni immer noch mit großem Erfolg die italienische Männer-

Ein Riesenspektaktel: das historische Fußballmatch *Calcio in Costume*

mode in der Fortezza da Basso vorge-
stellt, und in dieser Zeit laufen
auffällig viele exzentrisch gekleidete
Männer durch die Stadt.

GELATO VOM GEFLÜGELHÄNDLER

Nicht nur Kunst und Kultur haben sie
gefördert, auch beim Essen hatten die
Medici ihre Finger im Spiel. Das Eis, so
wie wir es heute kennen, wurde in Florenz „erfunden", im *Vivoli*, einer der
berühmtesten Eisdielen der Stadt. Caterina de' Medici (1519–89) hatte einen Franzosen geheiratet (den König,
um genau zu sein), aber schon damals
war den Italienern das Essen in den
Nachbarländern nicht wirklich recht,
von daher brachte sie einfach ihr eige-
nes mit. Vor ihrer Abreise schrieb sie in
Florenz noch einen Wettbewerb aus

für „das sonderbarste Gericht, das je
erfunden wurde". Gewonnen hat ein
Geflügelhändler und Hobbykoch mit
seinem *gelato*. Das kam natürlich als
wirkliche Neuheit auch noch mit nach
Frankreich, später wurde es dann zum
Welthit. Bis heute verschicken Gelate-
rien wie das Vivoli ihre Eiskreationen
zu besonderen Anlässen schon mal
bis nach Australien.

FUSSBALL MIT FAUSTHIEBEN

Emilio Pucci, weltberühmter Mode-
schöpfer und ehrenwerter Bürger von
Florenz, war sich nicht zu fein, sich vor
noch nicht allzu langer Zeit beim historischen Fußball, dem *Calcio in Costume*, begeistert im Sand zu wälzen.
Die Florentiner sind eben absolute
Fußballfans – und das schon seit dem
16 Jh.!

Schon dem Arkadenhof ihres Palastes sieht man an, dass die Medici Kunstfans waren

Beim großen Finale laufen zu Ehren des Stadtpatrons San Giovanni am 24. Juni 54 Einwohner aus zwei der vier historischen Stadtvierteln in mittelalterlichen Kostümen auf der Piazza Santa Croce auf und hauen, schlagen und treten sich. Manchmal rennt auch einer mit dem Ball. Eine Mischung aus Rugby, Boxen und Fußball auf dem Feld, im Publikum hemmungslose Begeisterung. In den letzten Jahren wurden die Regeln allerdings etwas verschärft: Miese Schläge auf den Kopf sind jetzt verboten, und Vorbestrafte und Kriminelle müssen zu Hause bleiben, damit's sportlich bleibt. (calciostoricofiorentino.it).

SIE HERRSCHTEN, SIE BAUTEN

Vielleicht säßen heute Akten stapelnde Stadtbeamte in den Uffizien, den Palazzo Pitti hätte man abgerissen und durch Wohnhäuser ersetzt, die Kunstschätze wären verkauft. Das wusste eine großartige Frau zu verhindern. Anna Maria Luisa de' Medici (1667–1743) hat in ihrem Testament verfügt, dass alle Güter und Kunstschätze der Familie in den Besitz der Stadt übergehen sollten. Eine Statue und eine bescheidene Inschrift an der Kirche San Lorenzo danken es ihr. Sie war die Letzte einer erstaunlichen Familie, der Medici.

Durch Bankgeschäfte wurden die Medici reich, über Jahrzehnte beherrschten sie die Stadt und verhalfen ihr mit kluger Politik, ausgeprägtem Kunstsinn und geradezu verschwenderischem Mäzenatentum zur heutigen Schönheit. Sie ließen monumentale Stadtpaläste, Landvillen, Brücken und Kirchen bauen und förderten vor allem großzügig Künstler.

Der „Vater der Renaissance", Cosimo Il Vecchio (1389–1464) fing damit an, sein Enkel Lorenzo (1449–92) machte erfolgreich weiter. Schon der Beiname „Il Magnifico", „der Prächtige" sagt alles! Als er nur 42-jährig starb, war es ihm in den 23 Jahren seiner Regierungszeit gelungen, fast das ganze Gebiet der heutigen Toskana zu erobern und Florenz zum geistigen und kulturellen Mittelpunkt Europas zu machen.

FEST IN TOURISTISCHER HAND

Das Zentrum gehört heute den Touristen. Florenz hat wenig Industrie und lebt überwiegend vom Tourismus, der erneut zugenommen hat, weil nun auch Chinesen, Inder, Russen und Osteuropäer die Stadt als Reiseziel entdecken: Annähernd 15 Mio. Übernachtungen zählt die Provinz Florenz jährlich! Im Durchschnitt halten sich Touristen drei Tage in der Stadt auf. Diese reichen bereits für ein abwechslungsreiches Programm mit den wichtigsten Sehenswürdigkeiten aus, und man bekommt trotzdem etwas vom Flair der Stadt mit. Wer sich pro Tag nicht mehr als ein Museum und höchstens zwei Kirchen vornimmt, dem bleibt genug Zeit zum Schlendern, Beobachten, Entspannen. Am Abend kann man dann die berühmte Küche der Toskana und ihren nicht weniger berühmten Wein genießen.

TÜCHER, GELD UND BANKEN

Zu seiner Blütezeit im Mittelalter beeinflusste Florenz Politik, Handel und Kunst in ganz Europa. Die Stadt war reich und mächtig, nicht zuletzt durch

KLISCHEE KISTE

ALLES KUNST

Das ist kein Klischee, das ist eine Tatsache. Und darauf sind sie mächtig stolz, die Florentiner, wenn sie beim Sonntagnachmittagsspaziergang gepflegt durch die Stadt flanieren und ihre eigene Kultur bewundern. So gepflegt geht´s aber nicht immer zu. Beim historischen Fußball zum Beispiel gibt´s schon mal Knochenbrüche, aber auch, wer naiv einen Zebrastreifen überqueren will und so den Verkehr behindert, kann Zorn und wüste Beschimpfungen ernten. Die Auswahl an Flüchen und Schimpfwörtern in Florenz ist jedenfalls kaum zu überbieten, nicht mal vom größten bayrischen Grantler.

FAMILIE GEHT ÜBER ALLES

Groß, laut und fröhlich, denkt man sich so, aber die italienische Familie schrumpft gewaltig: Der Durchschnitt liegt gerade mal bei 1,33 Kindern. Dafür bleiben die Kinder der *mamma* lange erhalten. Im Studium ist es die absolute Ausnahme, dass man in eine WG zieht, und wenn´s dann mal rausgeht, heißt es oft „kaufen statt mieten". Da legen auch Omas, Opas, Tanten und Onkel gern was dazu, denn im Eigenheim lebt sich's in Zeiten steigender Mietpreise einfach entspannter – meistens aber nicht im schönen *centro*.

ihren florierenden Tuchhandel und dank des 1252 in Florenz geprägten *fiorino,* der ersten Goldmünze, die bald zum vorherrschenden Zahlungsmittel in ganz Europa wurde. Auch unser heutiges Bankwesen hat seine Wurzeln in Florenz. Aus dem *banco*, dem Tisch der Geldwechsler, entstand das Wort Bank. In Florenz wurden auch die ersten Wechsel und Schecks ausgestellt. Florentiner Bankiers finanzierten die Unternehmungen von Päpsten und Königen. In der Stadt selbst brach ein wahrer Bauboom aus; Kirchen und Paläste entstanden. 1296 beschloss der Rat der nun 100 000 Einwohner zählenden Stadtrepublik, den mächtigen Dom zu bauen.

GRUNDSTEIN DES AUFSTIEGS

Die Stadt blickt auf eine über 2000-jährige Geschichte zurück. Funde belegen, dass hier schon zur Villanova-Zeit um 1000 v. Chr. eine Ansiedlung bestanden haben muss. Im Jahre 59 gründeten dann die Römer eine Veteranenkolonie im Arnotal, die sie Florentia nannten. Das Forum lag an der Stelle der heutigen Piazza della Repubblica. Auf die Römer folgten Langobarden und Karolinger, und im Jahr 845 vereinigte Lothar, ein Enkel Karls des Großen, die Grafschaften Florenz und Fiesole. Bereits 1115 war Florenz faktisch eine autonome Gemeinde, und der Grundstein für seinen glanzvollen Aufstieg war gelegt.

STADT DER TALENTE UND GENIES

An kaum einem anderen Ort wirkten und lebten so viele weltbekannte Künstler wie in Florenz. Es ist beinahe unmöglich, alle Maler, Bildhauer, Baumeister, Dichter und Philosophen aufzuzählen, die im Lauf der Jahrhunderte an der Gestaltung der Stadt beteiligt waren und so zu ihrem Ruhm beitrugen. Die erste künstlerische Glanzzeit der Stadt lag im 14. und 15. Jh., als hier u. a. Dante seine „Göttliche Komödie" schrieb und Giotto, Orcagna und Masaccio ihre beeindruckenden Fresken in den Kirchen schufen. Brunelleschi baute die grandiose Domkuppel, und Alberti formulierte die theoretischen Grundlagen für die Kunst der Renaissance. Viele andere folgten. Im 16. Jh. erlebte die Stadt durch die Arbeiten von Michelangelo, Raphael und Vasari einen weiteren künstlerischen Höhepunkt.

NOTVERSORGUNG SEIT 1244

Krank im Urlaub? Die Misericordia weiß da seit fast 800 Jahren Abhilfe. Ärzte aller Fachrichtungen praktizieren direkt am Domplatz in der *Ambulanz der Fratellanza della Misericordia (Sprechzeiten für Touristen Mo–Fr 14–16 Uhr | Vicolo degli Adimari 1)* – und zwar für ein noch relativ „barmherziges" Entgelt. Ein Segen nicht nur für die Armen der Stadt, sondern auch für manch verzweifelten Touristen. Gegründet wurde die Barmherzige Bruderschaft 1244 in Florenz als weltweit erste Institution dieser Art. Die *fratelli* (Brüder) kümmerten sich ursprünglich um die Versorgung von bedürftigen Kranken und den Transport der Verstorbenen. Anonym, verhüllt in schwarze Kutten mit Kapuzen, aus denen nur die Augen rausschauten, konnten sie einem trotz ihrer guten

Kunstschätze ohne Ende: Zu den frühen Highlights gehören die Fresken im Baptisterium

Mission das Fürchten lehren. Erst 2006 wurden die Kutten durch die fröhlich orangefarbenen Outfits ersetzt, in denen die *fratelli* heute neben modernen Ambulanzwagen an der Piazza del Duomo auf ihren Einsatz warten. Historisches Interesse? Im Innern wird in einem kleinen Museum die Geschichte der Misericordia lebendig dokumentiert.

KURSE FÜR JEDES INTERESSE

Ob Sprache, Malerei, Keramik oder Kochen: Das Kursangebot in Florenz ist extrem vielfältig. *Florenceart (🗺 E4) (Via della Scala 11 | florenceart.net)* bietet kurze Dekorations- und Trompe-l'œil-Kurse an, und auch in der *Florence Academy of Art (🗺 H5) (Via delle Casine 21r | florenceacademy ofart.com)* dreht sich alles um Kunst.

Verschiedene Grafiktechniken lernt man bei *Il Bisonte (🗺 G6) (Via San Niccolò 24r | ilbisonte.it)*. In der berühmten Schule *Palazzo Spinelli (🗺 E6) (Istituto per l'Arte e il Restauro | Via Maggio 13 | palazzospinelli.org)* könnt ihr Sommerkurse belegen und das Restaurierungshandwerk für verschiedene Materialien erlernen. *Le Arti Orafe (🗺 E6) (Via dei Serragli 104–124 | artiorafe.it)* gilt als beste Goldschmiedeschule weit und breit. Für Modefans interessant: die renommierte Schule *Polimoda (🗺 D4) (Villa Favard | Via del Curtatone 1 | polimoda.com)*. Bei *Cordon Bleu (🗺 H4) (Via Giusti 7 | cordon bleu-it.com)* gibt es Kochkurse. Gute Sprachkurse findet ihr bei *Italian Me (🗺 F5) (Via Tornabuoni 1 | italianme.it)* und im *Istituto Il David (🗺 F5) (Via Vecchietti 1 | davidschool.com)*.

SIGHT SEEING

Kunst, Kunst, Kunst – weltbekannte Museen, beeindruckende Kirchen, prunkvolle Paläste! Das ist Florenz. Und das Gute ist: All das kannst du zu Fuß erkunden, denn fast alle Sehenswürdigkeiten der faszinierenden „Cittá d'arte" liegen innerhalb der Quadratmeile des Zentrums

Die Museumslandschaft dieser Stadt ist unendlich: Ob die weltberühmten Uffizien, die Galleria dell'Accademia mit Michelangelos David, der Palazzo Pitti, das Museo Nazionale del Bargello oder viele, viele andere sehenswerte, über die Stadt verstreute Museen – hier

Palazzo Vecchio und Galleria degli Uffizi

ist für jeden Geschmack etwas dabei. Doch Florenz ist beliebt: Um lange Warteschlangen zu umgehen, besser die Eintrittskarten vorab online reservieren – mind. 5 Tage vorher (!) unter *firenzemusei.it* oder *ticketsflorence.com*.

Die Kirchen sind im Allgemeinen von 9.30 bis 13 und von 15/16 bis 18/19 Uhr geöffnet. Der Einlass in Kirchen, Museen und Parks endet 30–60 Minuten vor Schließung. Und sammle Kleingeld: Die Sprechsäulen und Apparate zum Einschalten der Scheinwerfer in Kapellen werden damit gefüttert.

DIE STADTVIERTEL IM ÜBERBLICK

S. JACOPINO

SANTA MARIA NOVELLA S. 49

Multikulturelles Bahnhofsviertel trifft auf Luxusshopping

Parco delle Cascine

Viale degli Olmi

Viale Fratelli Rosselli

Viale Belfiore

Via della Scala

Via Solferino

SANTA MARIA NOVELLA

Lungarno Amerigo Vespucci

Lungarno Santa Rosa

Via Pisana

Borgo San Frediano

Viale Aleardo Aleardi

Via della Chiesa

Via di Bellosguardo

Giardino Torrigiani

Viale Francesco Petrarca

Via de' Serragli

Via Romana

Viale Niccolò Machiavelli

Via Senese

MARCO POLO HIGHLIGHTS

★ **DUOMO DI SANTA MARIA DEL FIORE & CAMPANILE**
Großartig das Innere des Doms, einmalig der Blick von Kuppel und Glockenturm ➤ S. 36

★ **GALLERIA DEGLI UFFIZI**
Über 39 Säle verteilt sich die weltberühmte Gemäldesammlung ➤ S. 33

★ **PALAZZO VECCHIO**
Eindrucksvolle Räume aus der Blütezeit der Stadt ➤ S. 31

★ **PONTE VECCHIO**
Am schönsten ist die berühmte Brücke bei abendlicher Illumination ➤ S. 28

★ **GALLERIA DELL'ACCADEMIA**
Michelangelos David und grandiose spätgotische Malerei ➤ S. 44

★ **SAN LORENZO**
Ihre Grabkapellen ließen sich die Medici von berühmten Künstlern gestalten ➤ S. 47

★ **MUSEO NAZIONALE DEL BARGELLO**
Skulpturenmuseum in einem früheren Gefängnis ➤ S. 54

★ **SANTA CROCE**
Das Pantheon von Florenz ➤ S. 52

★ **GIARDINO DI BOBOLI**
Eine grüne Oase hinter dem Palazzo Pitti ➤ S. 58

★ **SAN MINIATO AL MONTE**
Ein Heiliger über der Stadt ➤ S. 61

★ **FIESOLE**
Geschichtsträchtiges Städtchen mit Panoramablick über Florenz ➤ S. 64

Fiesole ★

NÖRDLICHES SAN GIOVANNI S. 43

Über den Markt zur Galleria dell' Accademia

Viale Giovanni Milton

Viale Don Giovanni Minzoni

Viale Giovanni Minzoni

Viale Spartaco Lavagnini

Viale Giacomo Matteotti

rtezza Basso

Via della Fortezza

Via Santa Reparata

Via Venezia

Via Ventisette Aprile

Giardino dei Semplici

Giardino Della Gherardesca

Via Guelfa

Via Camillo Cavour

Via Nazionale

● Galleria dell'Accademia ★

Viale Antonio Gramsci

SAN GIOVANNI

Via della Colonna

● San Lorenzo ★

Via dei Servi

Via degli Alfani

Via del Banchi

Duomo di Santa Maria
● del Fiore & Campanile ★

SÜDLICHES SAN GIOVANNI S. 28

Das Herz von Florenz

Via della Spada

Via dell'Oriuolo

Piazza della Repubblica

Via de' Proconsolo

SANTA CROCE

Museo Nazionale
● del Bargello ★

Via de' Pepi

● Palazzo Vecchio ★

Via Ghibellina

● Santa Croce ★

Ponte Vecchio ★ ●

● Galleria degli Uffizi ★

Via dei Malcontenti

Viale della Giovine Italia

Lungarno Torrigiani

Lungarno delle Grazie

SANTA CROCE S. 52

Lungarno Serristori

Franziskanerkirche, Shopping und internationale Restaurants

Forte di Belvedere

Giardino Bardini

Via di Belvedere

Costa San Giorgio

● Giardino di Boboli ★

Piazzale Michelangiolo

OLTRARNO S. 56

Via dell'Erta Canina

Viale Michelangiolo

thandwerkerviertel
nd Ausgehgegend –
ein Hauch des
„alten Florenz"

Viale Galileo

San Miniato al Monte ★ ●

▲
|———————|
400 m
|———————|
437 yd

Eine schmale Uferzone des Arno lädt mit Blick auf den Ponte Vecchio zum Chillen ein

SÜDLICHES SAN GIOVANNI

Hier pulsiert das Herz von Florenz: zwischen Dom und Palazzo Vecchio, dem Regierungspalast. Mode- und Schuhgeschäfte, Eisdielen, Pizzaläden: Die Via dei Calzaiuoli hat schon immer das geistliche mit dem weltlichen Zentrum verbunden.

Genau an dieser Stelle haben die Römer 59 v. Chr. die Kolonie Florentia gegründet. Trotz Menschenmassen ist die Straße nicht nur bei Touristen beliebt, auch die Florentiner flanieren hier gern am Wochenende.

❶ PONTE VECCHIO ★ ⚑

Meist führt schon der erste Spaziergang durch die Stadt hierher: Die „Alte Brücke" ist eines der Wahrzeichen von Florenz und hat eine lange Geschichte: Schon zu Zeiten der Etrusker bestand ein Flussübergang, in römischer Zeit verlief hier die Via Cassia, einer der wichtigsten Handelswege Roms gen Norden.

Die jetzige Brücke, die den Fluss an seiner schmalsten Stelle überquert, wurde 1345 von Neri di Fioravanti oder Taddeo Gaddi errichtet. Was die Brücke so besonders und malerisch macht, sind ihre überhängenden Brückenläden. Heute tummeln sich hier Touristen, um sich an den Fensterläden der Schmuckgeschäfte die Nasen platt zu drücken.

Doch so elegant ging es hier nicht immer zu. Von 1422 bis 1593 betrieben hauptsächlich Schlachter auf der Brücke ihr Geschäft. Als die großherzogliche Familie in den Palazzo Pitti gezogen war, störte sie der Geruch, und Ferdinand I. verfügte, dass fortan nur noch Gold- und Silberschmiede auf der Brücke ihr Handwerk ausüben durften.

Damit er trockenen Fußes vom Palazzo Vecchio zum Palazzo Pitti gelangen konnte, beauftragte 1565 Cosimo I. den Bau des *Corridoio Vasariano*. Der Ponte Vecchio blieb als einzige Brücke von der Sprengung durch die Deutschen 1944 verschont; um dies zu ermöglichen, wurden jedoch auf beiden Seiten der Brücke große Teile der alten Wohnquartiere zerstört. Heute ist die Brücke mit ihren Juwelierläden einer der Anziehungspunkte der Stadt. *F5*

2 CORRIDOIO VASARIANO

Vom Palazzo Vecchio entlang der Uffizien über die Brückenläden der Ponte Vecchio durch das Innere der Kirche Santa Felicita zum Palazzo Pitti, ohne gesehen zu werden? Das wollten schon die Medici. Um sicher und schnell von den Regierungsgebäuden zu ihrem Familienpalast zu kommen, beauftragte Cosimo I. de' Medici 1565 Giorgio Vasari mit dem Bau dieses, nach seinem Architekten benannten Korridors, errichtet in gerade mal fünf Monaten. Der schmale Gang verläuft fast 1 km durch die Innenstadt. Derzeit wegen Restaurierungsarbeiten geschlossen, die Wiedereröffnung ist für den Sommer 2021 geplant. *Piazzale degli Uffizi 6 | uffizi.it, ticketsfloren ce.com | F5–6*

WOHIN ZUERST?

Ponte Vecchio (*F5*)**:** Stellt euch auf die berühmte Arnobrücke und verschafft euch erst mal einen Überblick: Etwas stadtauswärts liegen der mächtige Palazzo Pitti und die Boboli-Gärten. Auf der anderen Flussseite liegen die Uffizien. Dahinter folgen die Piazza della Signoria mit dem Palazzo Vecchio, dem Wahrzeichen der Stadt, und etwas weiter nordöstlich die Piazza della Repubblica und der Dom. Elektrobus C3 und D, Parkmöglichkeit Stazione Santa Maria Novella.

3 PIAZZA DELLA SIGNORIA

Das politische Herz der Stadt, einer der beeindruckendsten, vielleicht der beeindruckendste Platz von Florenz! Auf der einen Seite der wehrhafte *Palazzo Vecchio,* daneben die statuengeschmückte *Loggia dei Lanzi* und die *Galleria degli Uffizi.* An der Nordseite befindet sich der *Palazzo Uguccioni* (1559) und an der östlichen Ausbuchtung des Platzes der *Palast des Handelsgerichts* (1359), an dessen Fassade die Wappen der 21 Zünfte angebracht sind. Die der Palastfront gegenüberliegenden Gebäude mit Cafés und Geschäften wurden Ende des 19. Jhs. dem historischen Stil angepasst.

Durch die vielen Skulpturen und Denkmäler erhält der große Platz eine aufgelockerte Atmosphäre. So stehen vor dem Palazzo Vecchio der überlebensgroße *David* aus Marmor von Michelangelo (1504, Kopie, Original in der Galleria dell'Accademia), die Doppelplastik *Herkules und Cacus* von Baccio Bandinelli (1533) und Donatellos um 1460 geschaffene Bronzegruppe *Judith und Holofernes* (Kopie, Original im Palazzo Vecchio).

Zwischen dem kolossalen *Neptunbrunnen* von Bartolomeo Ammanati (1565) und dem *Reiterstandbild Cosimos I. de' Medici* von Giambologna (1594) ist eine Granitplatte mit der Jahreszahl 1498 in den Boden eingelassen. Hier kamen der Dominikanermönch Girolamo Savonarola und zwei seiner Anhänger auf Verlangen von Papst Alexander VI. auf dem Scheiterhaufen ums Leben. Alljährlich am 23. Mai, dem Todestag, legen Kirche

Zentraler geht's nicht: Die Piazza della Signoria findet man eigentlich auch ohne Stadtplan

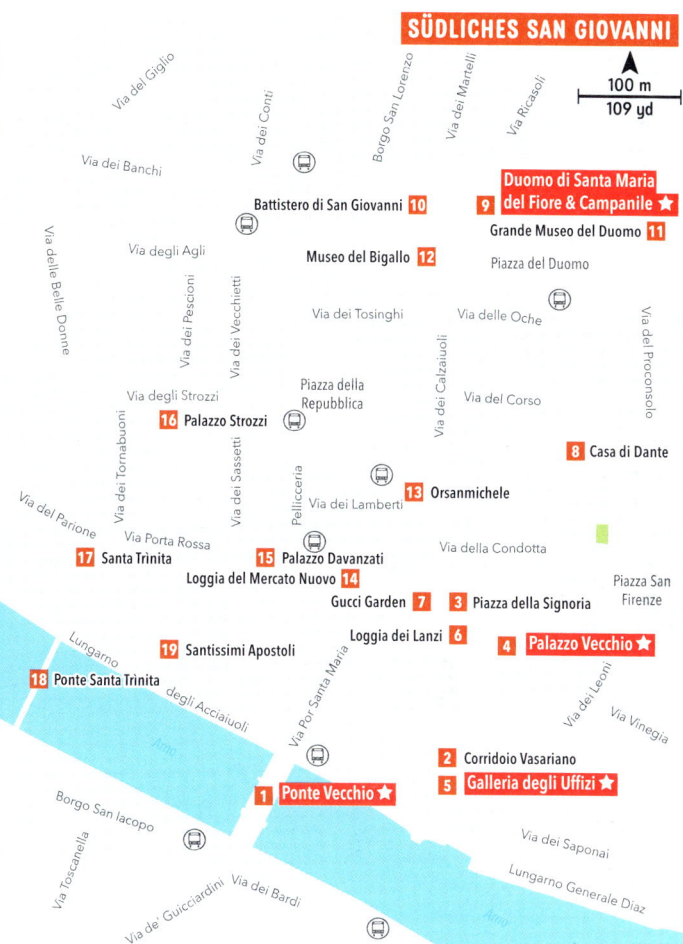

SÜDLICHES SAN GIOVANNI

100 m
109 yd

Via di Giglio

Via dei Conti

Via dei Banchi

Borgo San Lorenzo

Via dei Martelli

Via dei Ricasoli

Battistero di San Giovanni **10**

9 **Duomo di Santa Maria del Fiore & Campanile ★**

Grande Museo del Duomo **11**

Via degli Agli

Museo del Bigallo **12**

Piazza del Duomo

Via delle Belle Donne

Via dei Pescioni

Via dei Vecchietti

Via dei Tosinghi

Via delle Oche

Via del Proconsolo

Via degli Strozzi

Piazza della Repubblica

Via del Calzaiuoli

Via del Corso

16 Palazzo Strozzi

Via dei Sassetti

Via di Tornabuoni

8 Casa di Dante

Via del Parione

Pellicceria

13 Orsanmichele

Via dei Lamberti

Via Porta Rossa

15 Palazzo Davanzati

Via della Condotta

17 Santa Trinita

Loggia del Mercato Nuovo **14**

Gucci Garden **7**

3 Piazza della Signoria

Piazza San Firenze

Loggia dei Lanzi **6**

4 **Palazzo Vecchio ★**

Lungarno

19 Santissimi Apostoli

Via Por Santa Maria

degli Acciaiuoli

Via de' Leoni

Via Vinegia

18 Ponte Santa Trinita

2 Corridoio Vasariano

Borgo San Iacopo

1 **Ponte Vecchio ★**

5 **Galleria degli Uffizi ★**

Via dei Saponai

Via Toscanella

Lungarno Generale Diaz

Via de' Guicciardini

Via dei Bardi

Arno

und Stadt hier Blumen nieder. Wenn du diesen Platz so richtig genießen willst, dann setz dich am besten auf die Terrasse des *Café Rivoire* (s. S. 70 – Achtung: nicht ganz billig!) 1872 gründete es der Turiner Enrico Rivoire und brachte so ein neues Getränk nach Florenz: die heiße Schokolade!
F5

4 PALAZZO VECCHIO ★

Steht man auf der Piazza della Signoria, legt den Kopf in den Nacken und betrachtet ihn von unten, fühlt man sich ins Mittelalter zurückversetzt: Der Palazzo Vecchio ist einfach imposant, majestätisch und prägt mit seinem markanten 94 m hohen Turm entscheidend das Stadtbild von Florenz.

Repräsentativ sollte er auch sein, da der 1299–1314 von Arnolfo di Cambio errichtete Palast zunächst Amtssitz und Wohnung der höchsten Beamten der Republik war. Auch heute ist er wieder das Rathaus von Florenz.

1540 machte Cosimo I. den mittelalterlichen Palast zur herzoglichen Residenz und verhalf ihm durch prunkvolle Um- und Ausbauten zu neuem Glanz; das mittelalterliche Äußere blieb weitgehend unangetastet. Verantwortlich für alle Baumaßnahmen in dieser Zeit war Giorgio Vasari, der im Eifer jedoch auch unwiederbringliche Kunstwerke wie Leonardo da Vincis *Schlacht von Anghiari* im Salone dei Cinquecento zum Ruhm der Medici übermalte. Seinen heutigen Namen, *Palazzo Vecchio* (Alter Palast), bekam der Bau, als der Hofstaat in den „neuen", den Palazzo Pitti, zog.

Innen ist der Palast mindestens so prachtvoll wie außen. Entschließt ihr euch, den Palazzo Vecchio zu besuchen, gelangt ihr zunächst in den unglaublich schönen, vo durch Michelozzo 1470 umgestalteten *Innenhof,* der 1565 anlässlich der Hochzeit Ferdinands I. mit Johanna von Österreich mit österreichischen Stadtansichten ausgemalt wurde. Die *Quartieri Monumentali*, die Prunkräume, liegen im ersten Obergeschoss.

Einer der berühmtesten Säle ist der *Salone dei Cinquecento*, der Saal der Fünfhundert. Er ist 53,7 m lang, 22,4 m breit und 17,8 m hoch und damit der größte Saal der Stadt. Hier versammelte sich einst der städtische Rat, später ließ ihn Cosimo I. zur Audienzhalle umgestalten. Er ist mit einer prachtvollen Holzdecke von Benedetto und Giuliano da Maiano versehen und wird heute noch bei besonderen Festlichkeiten genutzt. Vor den monumentalen *Schlachtenbildern* von Vasari sind Marmorstatuen aufgestellt, unter ihnen der *Genius des Sieges* von Michelangelo und *Florenz besiegt Pisa* von Giambologna.

Im zweiten Geschoss liegen die *Quartieri degli Elementi* und die Räume der Eleonora di Toledo. Die anschließende *Cappella della Signoria* malte 1514 Ghirlandaio mit Fresken aus. Besonders prächtig sind die *Sala dell'Udienza* mit ihrer reich geschnitzten Decke und dem Marmorportal von Benedetto da Maiano sowie die *Sala dei Gigli,* der ganz mit der Wappenlilie Frankreichs ausgemalte Liliensaal. Hier steht Donatellos Bronzegruppe *Judith und Holofernes.* In der *Segreteria* arbeitete Machiavelli als Sekretär der Republik.

Im Palazzo Vecchio befinden sich sogar Geheimgänge. Sie wurden von den Medici erbaut, um fliehen oder wertvolle Objekte verstecken zu können. Solch ein Geheimgang befindet sich z. B. hinter der Landkarte von Armenien in der *Sala delle Carte Geografiche,* die mit 53 Landkarten aus den Jahren 1563–75 bemalt ist.

An zwölf Multimediastationen erhält man Einblicke in Geschichte, Kunst und Architektur des Palazzo. Neu eingerichtet wurden im zweiten Innenhof, dem *Cortile della Dogana*, ein Bookshop und das Ticketoffice. *Palast/ Museum/Quartieri Monumentali:* April–Sept. Fr–Mi 9–23, Do 9–14, Okt.– März Fr–Mi 9–19, Do 9–14 Uhr; Turm:

Den Innenhof des Palazzo Vecchio zieren zarte Renaissance-Grotesken und Stadtansichten

*April–Sept. Fr–Mi 9–21, Do 9–14, Okt.–
März Fr–Mi 10–17, Do 9–14 Uhr, bei
Regen geschl.; Kinder
unter 6 Jahren nicht
erlaubt | Eintritt
12,50 Euro;* **Füh-
rungen durch die Ge-
heimgänge veranstaltet die Associa-
zione MUS.E** *(Ticket zusätzlich 5 Euro |
Tel. Anmeldung 05 52 76 83 25 | info@
muse.comune.fi.it). Piazza della Sig-
noria | Eingang Via dei Gondi | imusei
difirenze.it | ⏱ 1,5 Std. | 📖 F5*

INSIDER-TIPP
**Ungesehen
durch
den Palast**

🔢5 GALLERIA DEGLI UFFIZI ⭐ 🏴

Sie beherbergen eine der reichhaltigs-
ten und berühmtesten Gemälde-
sammlungen der Welt und sind eine
der Hauptattraktionen der Stadt: Das
Wort „Uffizien" (auf Italienisch *uffici*)
bedeutet „Büros", und die Bezeich-
nung kommt daher, dass das Gebäude, das im Auftrag Cosimo I. de' Medici
1559–81 nach Plänen Giorgio Vasaris
erbaut wurde, dazu diente, die Minis-
terien und Ämter von Florenz aufzu-
nehmen. Die Uffizien wurden jedoch
nie als Büros genutzt, weil schon der
Sohn Cosimos I., Francesco de' Medici,
begann, seine Kunstsammlung dort
unterzubringen. Er ließ von Bernardo
Buontalenti dafür extra die *Tribuna* errichten. Dieser achteckige Raum war
im Prinzip schon Jahre vor der offiziel-
len Umwandlung der Uffizien ein Museum, und so kann man die Uffizien zu
den ältesten Museen der Welt zählen.
Seit 2013 darf man auch die sogenannten *Nuovi Uffizi* im ersten Stock
besichtigen, und jüngst wurden weitere 14 Säle auf 1100 m² neuer Ausstellungsfläche eröffnet.
Die Besichtigung beginnt in der zweiten Etage. Hier sind die Werke in chro-

Die schönste Outdoor-Galerie der Stadt: die Loggia dei Lanzi an der Piazza della Signoria

nologischer Reihenfolge vom 13. bis zum 15. Jh. und nach Schulen geordnet ausgestellt. Schwerpunkt bildet die italienische Renaissance. Auf den breiten Korridoren sind griechische und römische Statuen sowie flämische Gobelins zu sehen. Die kostbarsten Statuen stehen auf eigens für sie angefertigten Sockeln in der Tribuna. Wenn man dem Wegweiser folgt, kommt man zuerst zu den großen gotischen Altartafeln von Cimabue und Giotto, dann zu Werken der Sieneser Schule des 14. Jhs. und den großen Malern der Frührenaissance: Masaccio, Piero della Francesca und natürlich auch Sandro Botticelli. Der *Botticelli-Saal* ist sicherlich bei Touristen der bekannteste. Manch einer mag denken, dass er die berühmten Gemälde wie „Die Geburt der Venus" und „Der Frühling" schon nicht mehr

sehen kann, da sie in Form von Souvenirartikeln in der ganzen Stadt erworben werden können, aber spätestens wenn man den Saal betritt und die echten Werke bewundern kann, wird man ihre Faszination verstehen. Es folgen Werke von Leonardo da Vinci wie „Die Anbetung der Könige".

Auf der *Westseite* des Gebäudes hängen Gemälde von Tizian („Venus von Urbino"), von den aus Venedig stammenden Künstlern Veronese, Tintoretto und Caravaggio. Im Saal 35, der *Sala Rossa,* befindet sich ein weiteres der vielen Highlights der Uffizien: das „Tondo Doni", eines der bekanntesten Gemälde Michelangelos. Nicht verpassen: eine Kaffeepause auf der Dachterrasse inklusive bester Aussicht über die Piazza della Signoria!

INSIDER-TIPP
Koffeinboost fürs Sightseeing

Schließlich gelangt man im *ersten Stockwerk* zum neuen Teil der Uffizien. Die *Sale Blu,* die blauen Säle, sind spanischen, französischen, flämischen und niederländischen Künstlern aus dem 16. und 17. Jh. gewidmet (Rubens, Rembrandt und van Dyck). Die anschließenden *Sale Rosse* beherbergen größtenteils Werke des Florentiner Manierismus, in denen besonders Schöpfungen von Andrea del Sarto und Raphael herausragen. Besonders hervorzuheben sind weiterhin Werke von Rosso Fiorentino und Pontormo sowie die famosen Medici-Porträts von Bronzino. Der Rundgang führt weiter vorbei an Gemälden von Correggio und Parmigianino bis zur venezianischen Malerei und endet in den *Sale Gialle,* den gelben Sälen, die Werke aus dem 17. Jh. präsentieren.

Um die oft sehr lange Warteschlange (bis zu vier Stunden!) zu vermeiden, sollte man die Tickets unbedingt im Internet im Voraus reservieren (4 Euro Zuschlag). Es werden auch Führungen angeboten. *Tgl. 8.15–18.50 Uhr | Eintritt März–Okt. 20 Euro, Nov.–Feb. 12 Euro, Sammelticket mit Museen des Palazzo Pitti und Giradino di Boboli 38 Euro (3 Tage gültig mit Priority-Einlass) | Piazzale degli Uffizi 6 | uffizi.it | ⏱ 3–4 Std. | ⌖ F5*

🔟 LOGGIA DEI LANZI 🐾

Mit ihren drei herrlichen Rundbögen ist sie ein herausragendes Beispiel der Florentiner Gotik. Zwei Skulpturengruppen ließ Cosimo I. in der Loggia aufstellen: zum einen das bronzene Meisterwerk des *Perseus* (1545–54) von Benvenuto Cellini, das in neuem Glanz am alten Platz steht. Der Marmorsockel ist eine Kopie, das Original befindet sich im *Museo Nazionale del Bargello* (s. S. 54). Zum anderen die manieristisch gedrehten Figuren des *Raubs der Sabinerinnen* rechts davon, die von Giambologna (1583) stammen. Weitere Skulpturen, darunter sechs römische Frauenstatuen an der Rückwand, vervollständigen die Freiluftgalerie. Errichtet wurde die Loggia schon 1376–82 für zeremonielle Anlässe der Stadtverwaltung, vermutlich von Orcagna.

Der Name *Loggia dei Lanzi* bürgerte sich ein, als Cosimo I. hier seine Söldnertruppe, die *lanzichenecchi* (Landsknechte), unterbrachte. Auf dem Dach der Loggia wurde 1583 ein damals berühmter hängender Garten angelegt; heute befindet sich dort ein von den Uffizien zugängliches Café mit bester Aussicht über den Platz. *Piazza della Signoria | ⌖ F5*

🔟 GUCCI GARDEN

Gucci: Der Name spricht für sich! Heute ist es eins der berühmtesten und beliebtesten Modelabels weltweit! Aber wusstet ihr, dass alles in Florenz mit einer kleinen Werkstatt für Lederwaren und Gepäck begann? Guccio Gucci gründete 1921 hier dieses Geschäft, das inzwischen für Stil, Lifestyle und Qualität steht. Gucci Garden ist Shop, Museum und Restaurant in einem. Hier kann man auf drei Stockwerken die Geschichte der Marke verfolgen und auch – wenn der Geldbeutel es erlaubt – einige echt schicke Outfits erwerben. Massimo Bottura, einer der kreativsten Köche weltweit, eröffnete hier 2018 seine *Osteria (€€€)* : Erstklassiger geht's nicht. *Boutique und Museum tgl. 10–22.30, Restaurant tgl. 12.30–15, 19–22.30 Uhr | Eintritt 8 Euro | Piazza della Signoria 9–10 | guccimuseo.com |* ⏱ *45 Min. |* 📖 *F5*

8 CASA DI DANTE

Wer weiß, ob sich Dante zwischen den verfeindeten Gruppen in Florenz überhaupt so lange aufgehalten hätte, hätte er nicht seine Beatrice gefunden? Alles, was wir über den größten italienischen Dichter (1265–1321) wissen, wird hier in einem kleinen Museum dokumentiert. Es wurde in seinem angeblichen Geburtshaus eingerichtet. *Nov.–März Di–Fr 10–17, Sa/So 10–18; April–Okt. tgl. 10–18 Uhr | Eintritt 4 Euro | Via Santa Margherita 1 | museocasadidante.it |* ⏱ *30 Min. |* 📖 *F5*

9 DUOMO DI SANTA MARIA DEL FIORE & CAMPANILE ★ 👤

Weißer Marmor aus Carrara, grüner Marmor aus Prato: Schon von Weitem imponiert der mächtige Dom von Florenz. Er ist nicht nur das Wahrzeichen und der Mittelpunkt der Stadt, er ist auch die viertgrößte Kirche der Christenheit. Seine Grundfläche beträgt gigantische 8300 m², seine Länge 160 m. Der Bau war gewissermaßen ein später Triumph, denn Pisa, Lucca, Pistoia, Prato und Siena hatten alle schon ihre prunkvollen Kathedralen, als sich die Stadtregierung 1296 endlich zum Bau einer neuen Kathedrale für Florenz durchrang und Arnolfo di Cambio mit ihrer Errichtung beauf-

tragte. 1368 war das Werk vollendet – allerdings klaffte im Dach des Doms immer noch ein riesiges Loch: Die *Kuppel* fehlte, denn ein Kuppeldurchmesser von 45 m stellte die Architekten vor ein wahres Problem, das nur von einem echten Genie gelöst werden konnte. Und dieses Genie war Filippo Brunelleschi, der von 1420–34 die Kuppel baute, indem er sich einander zugeneigte Körper gegenseitig stützen ließ und so einen geschlossenen Kuppelring auf den anderen setzte.

👥 Wenn ihr euch zutraut, die bei ihrer Erbauung größte Kuppel der Welt mit ihren 463 Stufen bis zur Laterne zu besteigen (Achtung: Einbahnstraße – umkehren nicht möglich. Man sollte schwindelfrei sein!), nehmt ihr denselben Weg, den einst die Bauarbeiter zurücklegten. Dabei kommt ihr den grandiosen *Fresken* des Weltge-

richts ganz nah, mit denen Giorgio Vasari und Federico Zuccari die Kuppel 1572–79 ausmalten, ihr entdeckt eine neue Perspektive auf das Kirchenschiff, und am Ende erwartet euch ein toller Blick auf die Stadt!

Auch das *Kirchenschiff*, das eines der längsten weltweit ist, beeindruckt mit seiner Mächtigkeit schon, wenn man reinkommt. Viele namhafte Florentiner Künstler haben zu dessen Ausschmückung beigetragen. So z.B. Paolo Uccello, der 1436 den Söldnerführer John Hawkwood, der für Florenz einst eine Schlacht gewann, auf einem großen *Reiterbild* darstellte (das zweite auf der linken Seite). Dieses Bild ist besonders, weil es als Vorbild für alle späteren Reiterstandbilder diente.

Das *Reiterbild des Niccolò da Tolentino* daneben stammt von Andrea del Castagno (1456). Sehr schön sind auch die bunten *Rundfenster* an der Basis der Kuppel, die einige der berühmtesten Künstler des 14. Jhs. entworfen haben. Die bunt glasierten Terrakottareliefs über den Eingängen der beiden *Sakristeien* stammen, wie auch die Bronzetür zur Neuen Sakristei links des Hauptaltars, von Luca della Robbia (1444–69). Die berühmten *Sängerkanzeln* von Donatello und Luca della Robbia sowie die *Pietà* von Michelangelo stehen heute im *Grande Museo del Duomo* (s. S. 39).

Wenn ihr die Treppe rechts vom Haupteingang hinabsteigt, gelangt ihr zu der frühchristlichen Vorgängerkirche *Santa Reparata,* deren Reste 1966 freigelegt wurden. Hier befindet sich u. a. das Grab von Brunelleschi. 2000 wurde ein dort aufgefundenes Skelett eindeutig als das von Giotto (1267–1337) identifiziert, den man daraufhin neben Brunelleschi beisetzte.

Weit überragen die Domkuppel und Giottos Campanile die Dächer von Florenz

Giotto entwarf den neben dem Dom stehenden *Campanile* (Glockenturm), der 1334–59 errichtet wurde. In seinen harmonischen Proportionen und seiner Farbigkeit ist er sicherlich einer der schönsten Italiens. Auch er ist im Inkrustationsstil mit weißem, rotem und grünem Marmor verkleidet. Den unteren Teil schmücken 54 *Flachreliefs* aus der Schule Andrea Pisanos, in den Nischen darüber stehen Heiligen-, Propheten- und Sibyllenstatuen u. a. von Donatello (Originale ebenfalls im Dommuseum). Etwas bequemer als beim Kuppelaufstieg geht es die 414 Stufen den Campanile hinauf. Auch von hier habt ihr einen faszinierenden Ausblick. Dom und Krypta *Santa Reparata Mo–Sa 10–16.30, So 13.30–16.45 Uhr, 1. Di im Monat geschl.* | ⊙ *20 Min.; Kuppel Mo–Fr 8.30–19, Sa 8.30–17, So 13–16 Uhr* | ⊙ *30 Min.* |

Online-Vorbestellung für die Kuppelbesichtigung erforderlich, in der Hochsaison sogar bis zu zwei Monate im Voraus; Campanile tgl. 8.15–19 Uhr | ⊙ *30 Min.* | *Sammelticket 18 Euro* | *il grandemuseodelduomo.it* | ▭ *F–G4*

INSIDER-TIPP
Hoch hinaus will geplant sein

🔟 BATTISTERO DI SAN GIOVANNI

„Marmor und Gold! „Das ist die Tür zum Paradies," soll Michelangelo gerufen haben, als er die vergoldete Eingangspforte des Baptisteriums sah. Lorenzo Ghiberti fertigte die dem Dom zugewandte Doppeltür, die sogenannte *Paradiestür,* zwischen 1426 und 1452 an, nachdem er bereits zuvor die nördliche geschaffen hatte. Er hat sich selbst als Glatzkopf auf der rechten Umrahmung des linken Tür-

Die Paradiestür des Baptisteriums: vor Ort eine Kopie, die Originale sind im Museum

flügels dargestellt. Die *Südtür* mit der Geschichte Johannes des Täufers war schon 1336 von Andrea Pisano angefertigt worden.

Neben dem Dom wirkt das achteckige Baptisterium mit seiner eleganten Verkleidung aus weiß-grünem Marmor fast winzig: Sein Durchmesser von nur 25,6 m ist circa halb so groß wie der der ganzen Domkuppel. Zum ersten Mal wird der Bau 897 in Dokumenten als „Kirche" erwähnt, sein Ursprung als Kultstätte liegt aber vermutlich in grauer Vorzeit.

Auch das Innere ist „paradiesisch". In Goldtönen glitzert die von Mosaiken ausgekleidete Kuppel, gekrönt von einer gigantischen Christusfigur (um 1270) über der Apsis. Zahlreiche Kunstwerke zieren die Wände. *Mo–Fr 8.15–10.15 und 11.15–19.30, Sa 8.15–18.30, So 8.15–13.30 Uhr | Sammelticket (mit Dom, Krypta, Kuppel, Campanile und Museo dell'Opera del Duomo) 18 Euro | Piazza di San Giovanni | ilgrandemuseodelduomo.it | ⏱ 30 Min. | F4*

11 GRANDE MUSEO DEL DUOMO

Kaum jemand überlegt, wenn er voll Bewunderung Brunelleschis Domkuppel betrachtet, wie wohl die Abertausenden Dachziegel da hochgekommen sein mögen. Jahrhunderte hat es gebraucht, bis aus der alten Dombauhütte das jetzige Museo del Duomo wurde. An derselben Stelle, an der im 16. Jh. alles zum Bau des Doms Benötigte lagerte, steht heute das modernste und bestkonzipierte Museum von Florenz. Licht ist ein Hauptfaktor, Raum der andere. Ein ganzer Saal der

6000 m² großen Ausstellungsfläche ist Brunelleschis Kuppel gewidmet. Nach einem Besuch dort nimmt die Kuppel noch ganz andere Dimensionen an. Jedes auch noch so kleine Detail, das zu ihrer Errichtung beitrug, wird gezeigt oder erklärt. Dasselbe gilt für den Dom selbst. In einem 20 m hohen Ausstellungsraum steht man sprachlos vor der aus blütenweißem Marmor nachgebildeten Fassade des Doms, wie sie damals Arnolfo di Cambio, der Erbauer des Campanile, konzipiert hatte (der Dom erhielt erst Ende des 19. Jhs. eine Fassade im neugotischen Stil). Über 700 der ursprünglich am Glockenturm oder am und im Dom angebrachten Statuen und andere Kunstwerke, die aus Witterungs- oder Sicherheitsgründen von ihrem Originalort entfernt werden mussten, sind jetzt hier zu sehen.

Es sind Werke von Michelangelo, Donatello, Ghiberti und anderen. An keiner anderen Stelle kann man sie so aus der Nähe und so gut ausgeleuchtet betrachten. Das gilt genauso für die Sängerkanzel von Luca della Robbia wie für die vergoldete Paradiestür des Baptisteriums. *Tgl. 9–19 Uhr (jeden 1. Di des Monats geschl.) | Sammelticket (Museum, Dom, Krypta, Kuppel, Campanile) 18 Euro | Piazza del Duomo 9 | ilgrandemuseodelduomo.it | ⏱ 1 Std. | G4–5*

12 MUSEO DEL BIGALLO

Wer die älteste Ansicht der Stadt bestaunen möchte, muss hier rein. Das Museo del Bigallo ist klein, aber historisch bedeutend für seine karitativen Institutionen. Laienbrüder ließen hier ausgesetzte Kinder in ihrer Loggia spielen, um Pflegeeltern für sie zu finden. Die Bruderschaft der Misericordia hatte den spätgotischen Bau 1352 in Auftrag gegeben; 1425 vereinigte sie sich mit der Bruderschaft Santa Maria del Bigallo, deren Namen die Loggia trägt. Eine weitere Aufgabe war die Behandlung der Kranken. In dem Museum befindet sich für die Tätigkeit des Ordens aufschlussreiche Kunstsammlung. *Besichtigung (15 Min.) nach Voranmeldung Mo–Sa 10, 12, 15, So 10, 12 Uhr |* ☞ *Eintritt frei | Tel. 0 55 28 84 96 | Piazza San Giovanni 1 |* ⏱ *30 Min. |* 🗺 *F5*

🔟3️⃣ ORSANMICHELE

Man kann sie wegen der vielen Geschäfte und Menschen übersehen, wenn man über die Hauptshoppingstraße von Florenz, die Via dei Calzaiuoli, geht, aber an dieser Kirche solltet ihr auf keinen Fall vorbeilaufen. In vielerlei Hinsicht ist dieses Gotteshaus besonders: Es gleicht eher einem mittelalterlichen Palast, denn 1336 wurde durch die Zünfte zunächst eine offene Pfeilerhalle errichtet. Diese Halle wurde sowohl als Andachtsraum als auch als Markthalle genutzt. Die darüber liegenden Stockwerke dienten als Getreidespeicher. Etwa Mitte des 14. Jhs. schloss man die Arkaden im Erdgeschoss mit Drillingsfenstern, und um das 1347 von Bernardo Daddi gemalte Bildnis der Gnadenmadonna errichtete Andrea Orcagna ein wunderschönes gotisches Tabernakel.

Der Markt wurde 1361 aus dem Erdgeschoss ausgelagert, die beiden oberen Stockwerke bis weit ins 16. Jh. als Getreidelager genutzt. Scharten in den Nordpfeilern lassen noch erkennen, wo in Notzeiten das Getreide herabgelassen wurde – man verteilte es kostenlos an Bedürftige, um die Stadt vor Aufständen zu bewahren.

Die Kirche ist auch von außen bewundernswert: In den 14 Außennischen stehen Statuen der Schutzheiligen der Zünfte von bedeutenden Renaissancekünstlern. Oberhalb der Statuen befinden sich die Wappen der Zünfte. Heute handelt es sich bei den Statuen nur noch um Kopien. Die Originale sind im 1. und 2. Stock im *Museo di Orsanmichele* ausgestellt, dem ehemaligen Getreidespeicher. *Kirche Di–So 10–17, Museum Mo–Fr 10–17 Uhr |* ☞ *Eintritt frei | Via dell'Arte della Lana |* 🗺 *F5*

🔟4️⃣ LOGGIA DEL MERCATO NUOVO

Gold- und Silberwaren, Strohwaren und Körbe: Das waren die Dinge, die ursprünglich hier verkauft wurden. Heute ist es ein guter Ort, wenn ihr ein Mitbringsel, z. B. Tücher, Lederwaren oder T-Shirts, kaufen wollt. Im 16. Jh. wurde die Loggia del Mercato Nuovo (Neuer Markt) gebaut. Von den Florentinern wird der Markt jedoch meist verniedlicht *Mercato del Porcellino* (*porcellino* bedeutet Ferkel) genannt. Das kommt daher, dass sich auf der Südseite ein Wildschwein aus Bronze von Pietro Tacca befindet. Bei dem Schwein handelt es sich zwar eher um einen großen Eber als um ein kleines Ferkelchen, aber für Touristen, wenn sie daran glauben, hat das Bronzeschwein dennoch seine Wichtigkeit.

Zeitsprung: Wie wohnte die Oberschicht vor gut 500 Jahren? Der Palazzo Davanzati zeigt es

🐷 Denn wer seine Rückkehr nach Florenz sichern will, muss die Schnauze des Ebers streicheln!

Will man die Architektur der Loggia ungestört und ohne Touristenmassen betrachten, sollte man am besten ganz früh am Morgen oder spät am Abend vorbeikommen. Dann sind die Stände abgebaut und versperren nicht die Sicht. *Via Porta Rossa/Via Por Santa Maria | 🗺 F5*

🔢 PALAZZO DAVANZATI

In der Zeit zurückreisen? Erleben, wie es in einem Florentiner Haus zwischen Mittelalter und Renaissance ausgesehen hat? Dann ist der komplett mit Möbeln, Gemälden und Gegenständen eingerichtete Palazzo Davanzati genau das Richtige. Nach aufwendiger Restaurierung erstrahlen erneut die herrschaftlichen Wandmalereien im *Papageiensalon* sowie im Herren- und Damengemach. Der zweite und dritte Stock, wo Schlafgemächer und Küche zu finden sind, können nur mit Voranmeldung *(Tel. 05 52 38 86 10)* um 10, 11 und 12 Uhr besichtigt werden. *Tgl. 8.15–13.50 Uhr, 2. und 4. So sowie 1., 3. und 5. Mo im Monat geschl. | Eintritt 6 Euro | Via Porta Rossa 13 | ⏱ 1 Std. | 🗺 F5*

🔢 PALAZZO STROZZI 🐷

Renaissance trifft auf Moderne! Gerade der Palazzo Strozzi, der Florentiner Renaissancepalast schlechthin, beherbergt nun u. a. zahlreiche temporäre zeitgenössische Kunstausstellungen von Ai Weiwei über Bill Viola, Marina

Häufig zu Unrecht übersehen: die kleine Kirche Santa Trìnita

Abramović u. v. m. Wenn ihr also nach einigen Tagen Renaissance mal etwas Moderneres zu sehen bekommen wollt, dann schaut, was im Palazzo Strozzi und in der Strozzina gerade geboten wird. In jedem Fall solltet ihr einen Blick in den weitläufigen, arkadengeschmückten Innenhof werfen. *Fr–Mi 10–20, Do bis 23 Uhr | Eintritt 12 Euro | Piazza Strozzi | palazzo strozzi.org |* ⏱ *1,5 Std. |* ▥ *F5*

🔟 SANTA TRÌNITA

Die Kirche, deren Ursprung auf das 11. Jh. zurückgeht, birgt neben vielen anderen Kunstschätzen zwei Hauptwerke von Domenico Ghirlandaio: die Fresken der *Cappella Sassetti* aus dem Leben des hl. Franziskus und die *Anbetung der Könige* von 1485. *Tgl. 7–12 und 16–19 Uhr | Piazza Santa Trìnita |* ▥ *F5*

🔟 PONTE SANTA TRÌNITA

Florenz im Abendrot? Mit herrlichem Blick flussaufwärts auf den Ponte Vecchio? Dann müsst ihr zum Ponte Santa Trìnita gehen!

Mehrere Male wurde die Brücke von den Fluten des Arno niedergerissen und schließlich 1944 von der sich zurückziehenden deutschen Wehrmacht zerstört. Als man an ihren Wiederaufbau ging, fischte man die Reste aus dem Fluss und öffnete noch einmal die Steinbrüche im Boboli-Garten, aus denen ursprünglich das Baumaterial für die Brücke stammte, um die fehlenden Teile zu ergänzen. ▥ *F5*

🔟 SANTISSIMI APOSTOLI

Diese schöne, kleine Apostelkirche – eine der ältesten der Stadt (11. Jh.) – liegt etwas abseits der üblichen Touristenpfade. Laut Fassadentafel ist sie eine Stiftung Karls des Großen, was sich aber als Legende herausstellte. Die dunkelgrünen Marmorsäulen des Innenraums stammen teils aus nahe gelegenen römischen Thermen. Der bemalte Dachstuhl (14. Jh.) ist der am besten erhaltene in der Stadt. *Di–Fr 16–19 Uhr | Piazza del Limbo 1 | ▥ F5*

NÖRDLICHES SAN GIOVANNI

Bunter Markt, Multikulti und Studenten! Im nördlichen San Giovanni findet man alles. In der Nähe der Basilika San Lorenzo gruppieren sich die Stände des Mercato San Lorenzo. In der gleichnamigen Markthalle findet man viele leckere Spezialitäten.

Obwohl die Hauptattraktionen der Stadt in San Giovanni geballt sind, hat man in den Gassen nördlich vom Dom nicht das Gefühl, ausschließlich von Touristen umringt zu sein. Auch wenn das Universitätsviertel, das früher zwischen Domplatz, San Marco und Santissima Annunziata lag, inzwischen nach Novoli verlegt wurde und nur die Kunststudenten der berühmten Accademia di Belle Arti unter den Arkaden der belebten Piazza San Marco übrig geblieben sind.

20 MUSEO DI SAN MARCO

Ein Kloster mit Fresken in leuchtenden Farben. 1435 bekamen die Dominika-

nerbrüder aus Fiesole von Cosimo I. de' Medici ein Kloster in der Stadt, und Ordensbruder Fra Angelico wurde mit der Ausschmückung beauftragt. Dieser asketische Mönch hatte eine Leidenschaft für die schillerndsten Farben, mit denen er die kargen Zellen, das Refektorium und sogar die Gänge des Klosters zum Strahlen brachte. Deshalb bekam er schon zu Lebzeiten den Beinamen *Beato* (Seliger).

Hervorzuheben sind im Kapitelsaal sein großes Fresko der *Kreuzigung Christi*, im Refektorium ein *Abendmahlfresko* von Domenico Ghirlandaio und am Kopf der Treppe zum Zellengeschoss Angelicos bekanntestes Werk, die *Verkündigung*.

Fra Angelico und seine Helfer haben jede der 43 Zellen mit einem Fresko versehen. Die Zellen 12 bis 14, die dem Prior vorbehalten waren, sind als Gedenkstätte für Girolamo Savonarola eingerichtet. In die Doppelzelle 38/39 zog sich Cosimo de'Medici häufig zu längeren Meditationen zurück. Im wohlproportionierten *Bibliothekssaal* von Michelozzo (ebenfalls Obergeschoss) sind 115 kostbare Kodices, Miniaturen, Handschriften und ein illustriertes Messbuch von Fra Angelico ausgestellt. *Mo–Fr 8.15–13.50, Sa/So bis 16.50 Uhr, 1., 3. und 5. So sowie 2. und 4. Mo im Monat geschl. | Eintritt 4 Euro | Piazza di San Marco 1 | polomusealitoscana.beniculturali.it | ⏱ 1–2 Std. | ▥ G3*

21 MUSEO DI STORIA NATURALE 👥

Fossilien von Wirbeltieren, Wirbellosen und Pflanzen? Das Museum für

Geologie und Paläontologie zeigt über 300 000 davon, die besonders beeindruckend für Kinder sind. Unter anderem könnt ihr hier das 4 m hohe Knochengerüst eines Elefanten bestaunen. *Di–So 9.00–17 Uhr | Eintritt 6 Euro, Kinder 3 Euro | Via Giorgio La Pira 4 | unifi.it | ⏱ 1 Std. | ▭ G 34*

22 GALLERIA DELL'ACCADEMIA ★

Wenn Michelangelo Buonarroti (1475–1564) heute in einer Ecke der Accademia di Belle Arti seiner Bildhauerei nachginge, würde er kaum auffallen – in den Hallen und Gängen hat sich nur wenig verändert. Vielleicht wäre er verwundert, dass in der anschließenden Galleria, die 1784 durch die Zusammenlegung des Ospedale San Matteo mit einem angrenzenden Kloster entstanden war, jetzt mehrere seiner Hauptwerke von den Touristen bestaunt werden.

Hauptanziehungspunkt ist natürlich die Kolossalstatue des *David*. Kein Wunder – 6 t so perfekt behauener weißer Carrara-Marmor, 4,10 m hoch, sind atemberaubend. Doch auf eine andere Art genauso faszinierend wirken die ebenfalls von Michelangelo geschaffenen sogenannten *Gefangenen*. Diese Marmorfiguren sind nicht

Neben der David-Statue gibt es auch noch andere Schätze in der Galleria dell'Accademia

fertiggestellt, teils noch im Stein ge-fangen (daher der Name), und genau das macht ihre Faszination aus: **Die Skulpturen scheinen unter einer Art Spannung zu stehen, als wollten sie sich aus dem Stein befreien.** Weitere Werke Michelangelos sind der *hl. Matthäus* sowie die *Pietà von Palestrina*.

NSIDER-TIPP Marmor-blöcke vom Meister

Zudem besitzt die Accademia die größte europäische Sammlung *spätgotischer Malerei* und weitere Kunstwerke italienischer Künstler des 13.–15. Jhs. Last but not least das ehemalige Refektorium voller *Gipsstatuen*. *Di–So 8.15–18.50 Uhr | Eintritt 8 Euro, Sonderausstellungen 12,50 Euro (Vorbestellung unter Tel. 0 55 29 48 83, 4 Euro Aufschlag) | Via Ricasoli 60 | galleriaaccademiafirenze. beniculturali.it | ⏱ 1–2 Std. | 📖 G4*

23 PIAZZA DELLA SANTISSIMA ANNUNZIATA

Der Duft leckerer *frittelle* überzieht jährlich am 25. März den Platz. Man feiert Mariä Verkündigung genau wie früher, als Bauern ihre Produkte zum Verkauf in die Stadt brachten. Bis 1749 bejubelten die Florentiner den Jahresbeginn am 25. März, dem Tag von Mariä Verkündigung neun Monate vor Christi Geburt. Durch großherzoglichen Erlass wurden sie dann zur Einhaltung des gregorianischen Kalenders gezwungen. Das wundertätige Marienbild – der größte Schatz der Kirche *Santissima Annunziata* (in der Kapelle gleich links im Kirchenschiff), das ein Engel 1252 in einer Nacht fertig gemalt haben soll – wird auch heute noch nur an diesem einzigen Tag enthüllt. Im *Kreuzgang (tgl. 7.30–12.30 und 16–18.30 Uhr)* der Kirche sind Gemälde von Rosso Fiorentino,

Pontormo und Andrea del Sarto und in den Seitenkapellen Fresken von Andrea del Castagno und Perugino sehenswert.

Der harmonisch gestaltete *Platz* mit einem Reiterstandbild Ferdinands I. von Giambologna und zwei phantasievollen Brunnen von Pietro Tacca ist an drei Seiten von Arkadenreihen umgeben. Die Gebäude wurden eigentlich errichtet, um Schlafplätze für die zur Marienverehrung gekommenen Pilger zu schaffen, aber später weiter ausgebaut. 1419 begann Filippo Brunelleschi mit dem Bau des *Findelhauses,* des *Spedale degli Innocenti,* mit den Rundbildern der Wickelkinder aus Terrakotta (Andrea della Robbia), das die Westseite des Platzes flankiert. Gegenüber liegt die nach einem Projekt von Antonio da Sangallo 1516–25 errichtete *Loggia dei Servi di Maria.* ⟐ G4

24 MUSEO DEGLI INNOCENTI

Eine Art Babyklappe gab es hier schon ab 1445. Ungewollte Kinder wurden durch eine Drehtür geschoben. Das Museum des *Spedale degli Innocenti* (Hospiz der Unschuldigen) gibt es seit 2016. Auf berührende Art wird in der Krypta das Woher und Wohin von 140 der über 1000 Findelkinder, die bis 1875 hier aufgenommen wurden, dargestellt. Im Untergeschoss erfährt man mehr über die Baugeschichte des Spitals, in den Sälen des ersten Stocks ist eine kleine Kunstsammlung zu sehen. Besonders schön: die Anbetung der Könige (1485) von Domenico Ghirlandaio. Die Eindrücke kann man gut bei einem Cappuccino auf der teils ☂ überdachten *Terrasse* auf sich wirken lassen. *Tgl. 10–19 Uhr | Eintritt 10 Euro | Piazza della Santissima Annunziata 12 | museodeglinno centi.it |* ⏱ *1 Std. |* ⟐ *G4*

Atemberaubende Einlegearbeiten, rein aus Edelsteinen, im Opificio delle Pietre Dure

25 MUSEO ARCHEOLOGICO/ MUSEO EGIZIO 🔭

Nicht nur die furchterregende *Chimäre von Arezzo* aus dem 4. Jh. v. Chr. kann einem hier Angst einjagen, es gibt so manch' Sonderbares in diesem Museum. Nach der Villa Giulia in Rom mit der größten Sammlung etruskischer Kunst und dem Museo Egiziano in Turin ist das Florentiner Museum das bedeutendste unter den archäologischen Museen Italiens. Außer etruskischen und ägyptischen sind hier auch prähistorische, griechische und römische Funde zu bestaunen, u. a. der berühmte *Vaso François* mit schwarzfigurigen Szenen der griechischen Mythologie (6. Jh. v. Chr.). Im schönen Garten sieht man zudem rekonstruierte etruskische Grabmäler. *Di–Fr 8.30–19, Sa–Mo bis 14 Uhr, 2., 4. und 5. So im Monat geschl. | Eintritt 4 Euro, Kinder frei | Piazza della Santissima Annunziata 9b | polomuseale toscana.beniculturali.it | ⏱ 2,5 Std. | ▥ G4*

26 OPIFICIO DELLE PIETRE DURE

In der weltberühmten Akademie für Restaurierungsarbeiten werden auch heute noch von Kunsthandwerkern Einlegearbeiten aus Halbedelsteinen und Marmor ausgeführt, für die Florenz seit der Renaissance berühmt ist. Paradestück dieser *Pietra-dura*-Arbeiten ist die *Cappella dei Principi* in San Lorenzo. Die Entwürfe und ein Modell der Kapelle sowie unzählige andere Werke werden gezeigt. *Mo–Sa 8.15–14 Uhr | Eintritt 4 Euro | Via degli Alfani 78 | opificiodellepietredure.it | ⏱ 45 Min. | ▥ G4*

27 PALAZZO MEDICI RICCARDI

Hier wohnte Cosimo der Ältere mit seiner Familie bis zu seinem Tod 1464. Zwanzig Jahre zuvor hatte er Michelozzo mit dem Bau dieses Prunkpalasts mit seiner Fassade aus großen Quadersteinen beauftragt. Über den Arkaden des Innenhofs prangt das Medici-Wappen. Nur wenige Räume und die kleine *Cappella dei Magi* mit ihren wunderschönen Landschaftsfresken von Benozzo Gozzoli darf man besichtigen. In den übrigen Räumen logiert die Provinzverwaltung von Florenz. *Do–Di 9–17 Uhr | Eintritt 7 Euro | Via Camillo Cavour 1 | palazzomedici riccardi.it | ⏱ 30 Min. | ▥ F4*

28 SAN LORENZO ★

Kein Stein in dieser Kirche, der nicht irgendwie an eine Persönlichkeit aus dem Hause der Medici erinnert. Giovanni di Bicci de' Medici, der Stammvater, beauftragte Brunelleschi um 1420 mit der Erweiterung des frühchristlichen Gotteshauses, das schon 393 dem hl. Lorenz geweiht worden war. Brunelleschi beendete 1428 zunächst die Alte Sakristei *(Sagrestia Vecchia)*, den ersten Zentralraum der Renaissance. Cosimo der Ältere, Giovannis Sohn, führte dann den Bau der Kirche bis zu ihrer Vollendung 1446 weiter. Er liegt in der Krypta begraben. Eine vielfarbige, runde Steinplatte vor dem Hauptaltar markiert die Stelle. Neben seinem Freund und Mäzen Cosimo Il. Vecchio fand Donatello seine letzte Ruhestätte.

Zur endgültigen Umwandlung des Kirchenkomplexes in ein großes Mausoleum, den *Cappelle Medicee (tgl.*

Fassade grün-weiß: Santa Maria Novelle

gnifico, seinen Bruder Giuliano und deren Nachkömmlinge Giuliano, Herzog von Nemours, sowie Lorenzo, Herzog von Urbino – alle ebenfalls aus der Hand Michelangelos. Mit dem Bau der angrenzenden und vollständig mit Halbedelsteinen ausgekleideten Fürstenkapelle, der *Cappella dei Principi,* fand zu Beginn des 17. Jhs. die Verherrlichung der Herrscherfamilie ihren gloriosen Abschluss.

Zum Kreuzgang und der *Biblioteca Medicea Laurenziana* gelangt man durch eine Tür links neben dem Kirchenportal. Es gab Ausschreibungen für die Gestaltung der Rohsteinfassade, auch Pläne von Michelangelo liegen vor, wurden aber nie ausgeführt. *Mo–Sa 10–17, März–Okt. auch So 13.30–17 Uhr | Eintritt 7 Euro | Piazza di San Lorenzo | operamedicealaurenziana.org |* ⏱ *1,5 Std. |* 🔲 *F4*

29 BIBLIOTECA MEDICEA LAURENZIANA

INSIDER-TIPP
Vor den Zeiten des E-Books

Hier findet ihr die wichtigste und wohl beeindruckendste Sammlung antiker Bücher Italiens, eine der wertvollsten Handschriftensammlungen der Welt. Hinterlassen wurde dieses Erbe von den Medici. Der architektonisch höchst eigenwillige Vorraum der Bibliothek mit der grandiosen *Treppenanlage* sowie die anschließende *Sala Grande* wurden von Michelangelo entworfen, ebenso die Lesepulte und die hölzerne Decke. *Mo–Fr 9.30–13.30 Uhr | Eintritt 3 Euro | Piazza San Lorenzo 9 | Eingang links der Kirchenfassade | bmlonline.it |* 🔲 *F4*

8.15–14 Uhr, 2., 4. So und 1., 3. und 5. Mo im Monat geschl. | Eintritt 8 Euro, bei Sonderausstellungen mehr | Eingang: Piazza Madonna degli Aldobrandini 6 | cappellemedicee.it), trug Papst Leo X., Urenkel Cosimos, entscheidend bei, als er Michelangelo mit dem Bau der Neuen Sakristei *(Sagrestia Nuova)* beauftragte.

INSIDER-TIPP
Begraben auf vornehmste Art

In den Medici-Kapellen stehen die bedeutenden Grabmäler für Lorenzo II Ma-

SANTA MARIA NOVELLA

Das Viertel Santa Maria Novella liegt mitten in Florenz und ist lebendig und multikulturell. Luxusshopping, Krimskramsläden, Restaurants und Dönerbuden, hier gibt's alles eng beieinander.

Hier kommt man mit dem Zug an – und steigt direkt in einem Meisterwerk italienischer Architektur des Ra-

tionalismus aus. Nur dafür fährt man vielleicht nicht extra nach Florenz, aber vor dem Bahnhof steht eine der schönsten Kirchen der Stadt, die dem Viertel seinen Namen gab.

30 SANTA MARIA NOVELLA

„In der ehrwürdigen Kirche Santa Maria Novella …", Boccaccios Decamerone, erstes Kapitel, Florenz in Zeiten der Pest. Die Seuche wütete grausam im 14. Jh., fast die Hälfte der Einwohner wurde dahingerafft. Die Überlebenden stifteten der Kirche viele Kapellen.

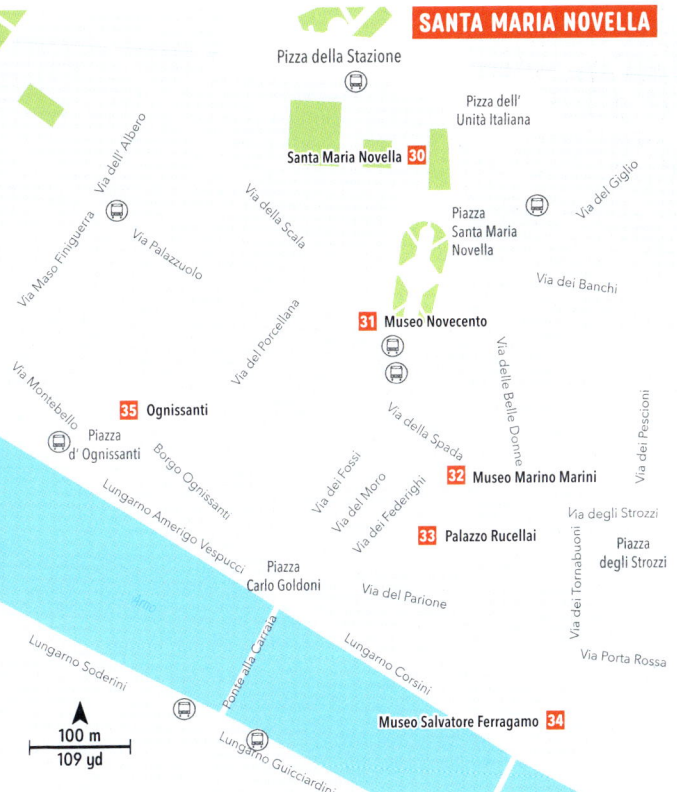

SANTA MARIA NOVELLA

Pizza della Stazione

Pizza dell' Unità Italiana

Santa Maria Novella 30

Via della Scala

Via dell'Albero

Via Maso Finiguerra

Via Palazzuolo

Via del Giglio

Piazza Santa Maria Novella

Via dei Banchi

Via del Porcellana

31 Museo Novecento

Via delle Belle Donne

Via Montebello

35 Ognissanti

Via dei Pesciani

Piazza d' Ognissanti

Borgo Ognissanti

Lungarno Amerigo Vespucci

Via dei Fossi

Via del Moro

Via della Spada

Via del Federighi

32 Museo Marino Marini

Via degli Strozzi

33 Palazzo Rucellai

Piazza degli Strozzi

Via del Tornabuoni

Piazza Carlo Goldoni

Via del Parione

Arno

Lungarno Soderini

Ponte alla Carraia

Lungarno Corsini

Via Porta Rossa

100 m
109 yd

Museo Salvatore Ferragamo 34

Lungarno Guicciardini

Dieser erste gotische Bau der Stadt entstand 1246–1300. Die Außenmauern sind wie das Baptisterium mit weißem und grünem Marmor verkleidet. Der obere Teil der Fassade wurde allerdings erst 1470 vollendet.

Auch das Innere dieser Kirche ist unglaublich schön. Die großen Freskenzyklen zeigen Wohnstil und Mode des 15. Jhs. Zu den schönsten gehören in der Hauptchorkapelle (1486–90) die Szenen Domenico Ghirlandaios aus dem Leben Mariä, die Fresken der *Cappella Strozzi* rechts neben dem Hauptaltar von Filippino Lippi und die düsteren Visionen des *Jüngsten Gerichts* von Nardo di Cione (um 1357) in der *Cappella Strozzi di Mantova*. Im dritten Joch links malte Masaccio kurz vor seinem Tod 1428 ein bereits perspektivisch exakt durchkonstruiertes *Dreifaltigkeitsfresko*. Zudem Werke von Brunelleschi (die Marmorkanzel und ein Holzkruzifix in der *Cappella Gondi*), Giotto (Kruzifix) und Giovanni della Robbia.

Der benachbarte Grüne Kreuzgang (*Chiostro verde*) von 1332, den Paolo Uccello mit Szenen der Schöpfungsgeschichte ausmalte (leider schlecht erhalten), und die *Cappella Spagnola* mit den Fresken zum *Triumph des Dominikanerordens* von Andrea da Firenze lohnen ebenfalls einen Besuch. *Mo–Do 9–17.30, Fr 11–17.30, Sa 9–17, So 13–17 Uhr | Eintritt 7,50 Euro | Piazza di Santa Maria Novella 18 | smn.it | ⏱ 30 Min. | ▭ E4*

31 MUSEO NOVECENTO

Ein kleines Stück Moderne! Über 300 nie ausgestellte Meisterwerke italienischer Maler des 20. Jhs. sind der stolze Besitz der Stadt Florenz. Werke von Giorgio de Chirico, Carlo Carrà, Giorgio Morandi und Marino Marini haben 2014 Platz in einem eigenen Museum gefunden. *April–Sept. Sa–Mi 11–20, Do bis 14, Fr bis 23, Okt.–März Fr–Mi 11–19, Do bis 14 Uhr | Eintritt 9,50 Euro | Piazza Santa Maria Novella 10 | museonovecento.it | ⏱ 1,5 Std. | ▭ E4*

32 MUSEO MARINO MARINI

Das erste Museum für moderne Kunst wurde 1988 hier eingerichtet. In der ehemaligen Kirche San Pancrazio bekommt ihr über 200 Pferdedarstellungen des Pistoieser Bildhauers, Malers und Grafikers Marino Marini (1901–80) zu sehen. Dazu kam 2013 noch ein architektonisch-sakrales Highlight: die kleine *Cappella Rucellai*, die seit den Zeiten Napoleons zugemauert war. Nach einer aufwendigen Restaurierung kann man sie jetzt wieder betreten. Giovanni Rucellai ließ sich sein eigenes Grabmal um 1570 von Leon Battista Alberti dort errichten. *Sa–Mo 10–19 Uhr, Di–Fr auf Anfrage, Cappella nur Sa–Mo 11–12, 15–16 Uhr | Eintritt 6 Euro | Piazza di San Pancrazio | museomarinomarini.it | ⏱ 1 Std. | ▭ E–F5*

INSIDER-TIPP
Verborgener Schatz in neuem Glanz

33 PALAZZO RUCELLAI

Den vornehmsten Palast der ganzen Stadt hat sich der reiche Kaufmann Giovanni Rucellai ganz unbescheiden erbauen lassen. Hier wurde die Forderung des Baumeisters Leon Battista

Alberti (1402–72) verwirklicht, dass Wohnpaläste „schön verziert, fein artikuliert und vornehm sein (sollten), statt prunkvoll und imposant". Bis heute wohnen die Rucellais in ihrem Palast, schauen darf man leider nur von außen. *Via della Vigna Nuova 18 |* 🕮 *E5*

34 MUSEO SALVATORE FERRAGAMO

In den unteren Räumen des Palazzo Spini Feroni erzählen unzählige Schuhpaare die Geschichte des Schuhkönigs Salvatore Ferragamo (1927–60) und seiner Marke. Ausgestellt sind u. a. die Modelle von Marilyn Monroe, Greta Garbo, Audrey Hepburn oder Judy Garland. Häufig Sonderausstellungen. *Tgl. 10–19.30 Uhr | Eintritt 8 Euro | Piazza Santa Trinita 5r | museoferragamo.it |* 🕮 *F5*

35 OGNISSANTI

Sponsorentum im großen Stil. Die angesehene Vespucci-Familie finanzierte nicht nur einen Großteil der Ausstattung dieser Allerheiligenkirche, sondern 1380 auch gleich noch das angrenzende Hospital *San Giovanni di Dio,* das bis vor Kurzem noch als Krankenhaus genutzt wurde.

Zum Dank breitet im zweiten Kirchenaltar rechts eine *Madonna* (ein frühes Werk Ghirlandaios, um 1473) ihren schützenden Mantel über die Familie Vespucci aus. Der junge Mann unter ihrem rechten Arm ist vermutlich der Seefahrer Amerigo Vespucci, nach dem der damals frisch entdeckte Kontinent Amerika benannt wurde. Aber in dieser Kirche gibt es noch viel mehr zu sehen: In der zweiten Kapelle des rechten Querschiffs zeigt eine runde Steinplatte die Grabstelle des großen

Von der Edelmeile Via Tornabuoni sind es nur wenige Schritte bis zum Palazzo Rucellai

Frührenaissancemalers Sandro Botticelli an, von dem auch das Fresko des hl. Augustinus im Refektorium des Klosters stammt. Im linken Querschiff kann man nach endlosen Restaurierungsarbeiten wieder das berühmte *Kruzifix Giottos* aus dem 14. Jh. bewundern. Im gleichen Raum seht ihr auch das große *Cenacolo del Ghirlandaio*, das Abendmahlfresko von Domenico Ghirlandaio (1480). *Do–Di 9.30–12.30, 16–19.15, Mi 16–19.15 Uhr | ✿ Eintritt frei | Borgo Ognissanti 42 | chiesaognissanti.it | ▭ E5*

SANTA CROCE

Die Franziskanerkirche Santa Croce hat dem Viertel seinen Namen gegeben. Aber drum herum wird ausgegangen, geshoppt und gegessen. Kleine Geschäfte, Bars, Kneipen und eine Menge toskanischer sowie internationaler Restaurants machen dieses Viertel zu einem der lebendigsten der Stadt.

Der Platz ist einer der ältesten Fußballplätze der Welt. Hier fand auch damals der *Calcio in Costume* statt. Da wurde wild gebolzt, und das Publikum johlte, daran hat sich bis heute nichts geändert. Am Südende der Piazza erkennt man in der Wand eine Scheibe aus Marmor, die genau die Hälfte des Spielfelds kennzeichnet. Am Westende des Platzes lag im 2. Jh. das *Amphitheater* – heute noch erkennbar an der ovalen Straßenführung von Piazza de'Peruzzi, Via Bentaccordi und Via Torta.

36 SANTA CROCE ★

Santa Croce ist die Hauptkirche der Franziskaner in Florenz. Kurz nach dem Tod des hl. Franziskus 1226 errichteten seine Anhänger hier eine kleine Kapelle, doch bald wurde der Ansturm der Gläubigen so groß, dass

Santa Croce: gebaut für einen Bettelorden, doch ausgestattet mit bedeutenden Grabmälern

man anbauen musste. 1294 legte man den Grundstein für den mächtigen gotischen Neubau, 1385 wurde er fertiggestellt. Mit einer Länge von 115 m und einer beachtlichen Breite übertraf Santa Croce nun an Ausdehnung die kurz zuvor vollendete Kirche Santa Maria Novella des rivalisierenden Dominikanerordens. Die neugotische Fassade bekam die Kirche dann 1853 vorne „aufgeklebt".

Der Innenraum mit dem offenen, bemalten Dachstuhl und einem geraden Chorabschluss zeigt die für Bettelordenskirchen typisch schlichte Architektur, bekannt auch als das „Pantheon von Florenz": 278 *Grabplatten* des 14.–19. Jhs. sind in den Fußboden eingelassen. Galileo, Michelangelo, Machiavelli, Ghiberti, der Komponist Rossini und viele andere ruhen in ihren prächtigen Grabmälern. Dante, der größte Dichter Italiens, starb zwar in der Verbannung in Ravenna, 500 Jahre nach seinem Tod wurde er hier aber doch noch mit einem Denkmal geehrt.

Die rechts neben dem Hauptaltar liegenden *Grabkapellen der Bardi und Peruzzi* malte Giotto in den Jahren 1316–30 mit Fresken aus, die zu den herausragenden dieser Epoche zählen. Auch die anderen Kapellen sind mit kostbaren Wandmalereien geschmückt. Die *Marmorkanzel* schuf Benedetto da Maiano, das *Verkündigungstabernakel* aus grauem Sandstein mit Vergoldungen (hinter dem fünften Pfeiler rechts) ist ein bedeutendes Werk Donatellos (1435).

Rechts neben der Kirche liegt der Eingang zu den Klosterhöfen mit der *Cappella dei Pazzi* und dem *Museo dell'Opera di Santa Croce*. Die architektonisch bedeutsame Kapelle mit ihren klaren, ganz in Weiß und Grau gehaltenen Formen wurde vermutlich von Brunelleschi, dem Architekten der Domkuppel, 1429–44 erbaut. Die *Medaillons* aus glasierter Terrakotta schuf Luca della Robbia. Im Kirchenmuseum sind Werke Florentiner Sakralkunst ausgestellt. *Kirche und Museum: Mo–Sa 9.30–17, So 14–17 Uhr | Eintritt 8 Euro | Piazza di Santa Croce 16 | santacroceopera.it |* ⏱ *45 Min. |* 🗺 *G5*

37 CASA BUONARROTI

Den kleinen Palazzo kaufte sich Michelangelo Buonarroti. 1858 wurde er dann von Cosimo Buonarroti, seinem Großneffen, der Stadt vermacht. Zahlreiche Zeichnungen, Pläne und Erinnerungsstücke an den Universalkünstler sind hier ausgestellt. Unter den Frühwerken das berühmte Mar-

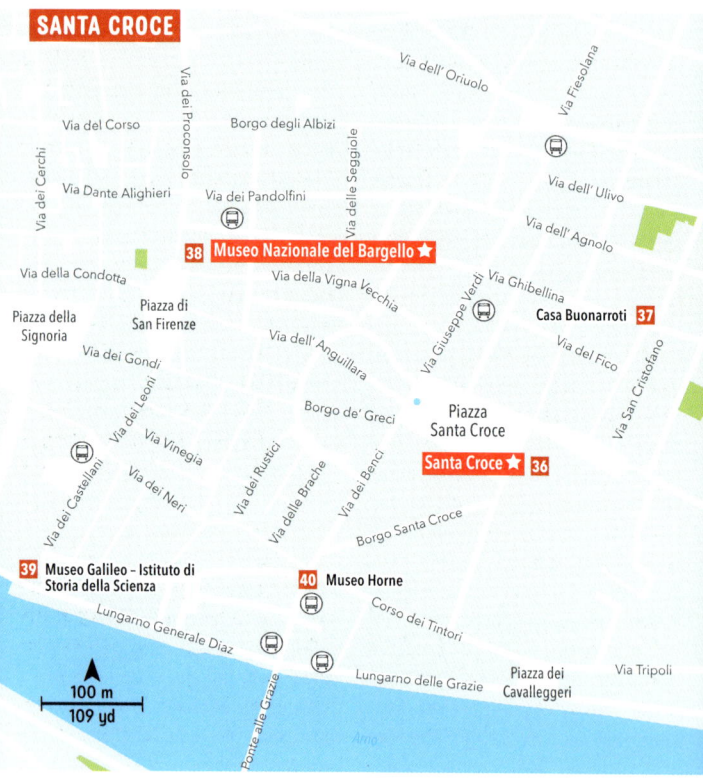

morrelief *Madonna della Scala* und die *Zentaurenschlacht*. Nov.–Feb. Mi–Mo 10–16.30, März–Okt. Mi–Mo 10–17 Uhr | Eintritt 80 Euro | Via Ghibellina 70 | casabuonarroti.it | ⏱ 1,5 Std. | 🕮 G5

38 MUSEO NAZIONALE DEL BARGELLO ★

Wehrhaft und abweisend steht er da, der zinnengekrönte, dunkle Palast (erbaut 1254–61). Früher saßen der Stadtkommandant und der Bürgermeister im 54 m hohen Turm und wachten über ihre Stadt. 1502–1859

waren hier das Stadtgefängnis und die Wohnung des Polizeihauptmanns *(bargello)* untergebracht, der dem Gebäude seinen heutigen Namen gab, und im Innenhof stand der Galgen – noch bis 1782 in Gebrauch.

Heute befindet sich im hohen Gewölbe des Bargello die größte Sammlung italienischer Skulpturen des 14.–16. Jhs., außerdem die Medaillensammlung der Medici, bedeutende Elfenbeinwerke und Majoliken des 15.–18. Jhs. sowie Waffen und Kleinbronzen. Glanzstücke des Museums sind Michelangelos *Trunkener Bacchus*

(1497 begonnen), die Marmorbüste des *Brutus* (um 1540) und das kreisrunde *Tondo Pitti* (1504), die zusammen mit Werken Cellinis, Giambolognas und anderen im Erdgeschoss ausgestellt sind. ==Im großen Saal des Obergeschosses kann man die Skulpturen der Frührenaissance wie die beiden *Davidstatuen* in Marmor (1408) und Bronze (1423) von Donatello bestaunen.== *Tgl. 8.15–14 Uhr, 2. und 4. So sowie 1., 3. und 5. Mo im Monat geschl., bei Sonderausstellungen länger geöffnet | Eintritt 8 Euro, Sonderausstellungen 9 Euro | Via del Proconsolo 4 | bargellomusei.beniculturali.it | ☉ 1,5 Std. | ▥ G5*

INSIDER-TIPP
Körperspannung in Bronze

❸❾ MUSEO GALILEO – ISTITUTO DI STORIA DELLA SCIENZA 👥

Interaktiv und spannend auch für Nicht-Naturwissenschafler. Das Museum gehört zu den weltweit bedeutendsten seiner Art. Eine große Sektion ist Galileo Galilei gewidmet. Mathematische, optische, hydraulische, astronomische und chirurgische Geräte sind hier ausgestellt, darunter Planetenmodelle, das erste Teleskop, die Fernrohre und die Linsen, mit denen der große Astronom und Physiker seine Beobachtungen machte und u. a. die Jupitertrabanten entdeckte, das erste Quecksilberbarometer (1634), eine bedeutende Sammung von Mineralien und vieles mehr. *Mi–Mo 9.30–18, Di bis 13 Uhr | Eintritt 10 Euro, Kinder 6 Euro | Piazza dei Giudici 1 | museogalileo.it | ☉ 1 Std. | ▥ F5*

❹⓿ MUSEO HORNE

Als 1916 der englische Kunsthistoriker und Architekt Herbert Percy Horne starb, überließ er dem italienischen Staat seinen *Palazzo Corsi* (15. Jh.) und seine beachtliche Kunstsammlung: über 6000 Werke von Giotto, Si-

Museo Nazionale del Bargello: Festzug zum Baptisterium auf einer Hochzeitstruhe

Harmonie der Proportionen ganz im Sinne der Renaissance: Santo Spirito

mone Martini, Filippo Lippi, Masaccio und Giambologna bis hin zu kostbaren Einrichtungsgegenständen des 14.–16. Jhs. *Do–Di 10–14 Uhr | Eintritt 7 Euro | Via dei Benci 6 | museohorne. it | ⏱ 1 Std. | 🗺 G6*

OLTRARNO

Oltrarno, jenseits des Arno, das war früher das Florenz der einfachen Leute: laut, urig mit kleinen Werkstätten überall, in denen Kunsthandwerker traditionsbewusst Leder, Glas, Bronze, Holz, Marmor, Gold und Silber verarbeiteten.

In den verwinkelten Gassen spürt man auch heute noch einen Hauch des „alten", authentischen Florenz, auch wenn die Gentrifizierung in vollem

Gange ist. Der besondere Charme dieses Viertels lockt vor allem reiche amerikanische Studenten an, was wiederum die Preise steigen lässt. Dennoch bleibt noch Platz für Künstler und Alternative, und abends ist Leben auf den Straßen, in den Bars und Trattorien.

41 SANTA MARIA DEL CARMINE/ CAPPELLA BRANCACCI

Außen eine schmucklose Rohsteinfassade (in Restaurierung), innen ein Schatz der Renaissancemalerei: die Fresken mit Szenen aus dem Leben Petri in der *Cappella Brancacci*. Als der ursprüngliche Bau der Karmeliterkirche (ab 1268) bei einem Brand 1771 fast vollständig zerstört wurde, blieb diese Kapelle an der rechten Stirnwand des Querschiffs vom Feuer verschont. Man betritt sie heute vom

Klosterhof, Eingang rechts neben der Fassade. Der 15-teilige *Freskenzyklus*, begonnen 1423 von Masolino da Panicale und Masaccio, wurde 1483 von Filippino Lippi vollendet. Besonders die Fresken Masaccios (größtenteils an der linken Wand der Kapelle) gelten wegen ihrer genialen Darstellung von Licht und Schatten und der geometrischen Verteilung der Personen als richtungsweisend für die nachfolgende Kunst. Nach einer umfassenden Restaurierung besitzen die Fresken jetzt wieder ihre ursprüngliche Farbkraft. *Kapelle Mo und Mi-Sa 10-17, So 13-17 Uhr nur nach Anmeldung: Tel. 05 52 76 82 24 | Eintritt 6 Euro | Piazza del Carmine 14 | musei civicifiorentini.comune.fi.it/brancacci | ⏱ 45 Min. | 🗺 E5-6*

42 SANTO SPIRITO

Diese Kirche umweht wirklich ein heiliger Geist. Alles an ihr ist schlicht, klar und schön. Mitte des 13. Jhs. ließen sich Augustinermönche hier nieder, und schon bald wurde die von ihnen geführte Schule zu einem Zentrum humanistischer Studien. 1438-82 entstand nach Plänen Brunelleschis die Kirche mit ihrer perfekt proportionierten, aber komplett schmucklosen Fassade. Auch der Innenraum besticht durch seine klare Aufteilung, nur der barocke Baldachinaltar durchbricht das Ganze. In einem Extraraum wurde 2017 das hölzerne *Kruzifix* von Michelangelo platziert, sein erstes großes Jugendwerk, das man jetzt von allen Seiten anschauen kann.

INSIDER-TIPP
So jung und schon so genial

Vor der Kirche sitzen die weniger Kulturbeflissenen gern auf den Stufen oder in den vielen netten, alternativen Cafés, Bars und Restaurants um die *Piazza Santo Spirito* und reden, essen, trinken oder spielen Gitarre. Hier ist eigentlich immer was los, morgens finden manchmal Märkte statt, und abends treffen sich alle *in piazza. Mo/Di und Do-Sa 10-13 und 15-18, So 11.30-13.30 und 15-18 Uhr | Piazza Santo Spirito 29 | basilicasantospirito. it | ⏱ 30 Min. | 🗺 E6*

43 SANTA FELICITA

An der Piazza Santa Felicita gleich hinter dem Ponte Vecchio stand vermutlich die erste christliche Kirche von Florenz. Das 1739 barockisierte Innere der frühchristlichen Basilika birgt zwei Schätze des Manierismus: das Altarbild der *Kreuzabnahme* und das Fresko der *Verkündigung* von Pontormo (1525-28). *Mo-Sa 9.30-12.30 und 15.30-17 Uhr | Piazza Santa Felicita 3 | santafelicitafirenze.it | 🗺 F6*

44 PALAZZO PITTI 🛶

Er ist nicht zu übersehen! Dieser kolossale Klotz ist eine Demonstration von Macht und Größe. Den Kern dieses Palasts ließ 1457 der Florentiner Kaufmann Luca Pitti errichten, aber über die Jahrhunderte wurde er auf 205 m Fassadenlänge ausgebaut. Bis 1859 residierten hier Großherzöge, und als Florenz 1865-71 Hauptstadt Italiens war, sogar König Viktor Emanuel II. Heute sind hier sieben Museen – die *Galleria Palatina* ist nach den Uffizien die wichtigste Gemäldegalerie in Florenz. Unter einem großen Dach sind

Gemälde von Tizian, Raphael, Tintoretto, Giorgione, Rubens, Caravaggio, van Dyck und Velázquez vereint.

Fürstlichen Wohnstil bekommt man auf der rechten Seite des Obergeschosses in den *Appartamenti Reali* zu sehen. Im obersten Stock ist die *Galleria d'Arte Moderna* untergebracht. In 30 (nur teilweise geöffneten) Sälen wird ein komplettes Spektrum toskanischer Malerei vom 18. bis zum 20. Jh. gezeigt. Besonders interessant sind die Werke der *Macchiaioli* (Fleckenmaler), einer Künstlergruppe, die den Impressionisten nahestand.

Das *Museo degli Argenti* (Silbermuseum) beherbergt in Räumen, die anlässlich der Hochzeit Ferdinands II. mit Vittoria della Rovere 1634 prunkvoll ausgestattet wurden, den Silberschatz der Medici sowie wertvolle Arbeiten aus Gold, Edelsteinen und Elfenbein. Im *Museo della Moda e del Costume*

kann man Kostüme und Kleidung von der Renaissance bis heute bewundern.

Im Kavaliersgarten gingen die mediceischen Großherzöge früher ihrem Hobby nach: Sie züchteten Seidenraupen. Heute befindet sich hier das *Museo delle Porcellane* mit einer Porzellankollektion aus dem 18. und 19. Jh. *Di–So 8.15–18.50 Uhr | Eintritt 16 Euro (Sommer), 10 Euro (Winter) | Piazza Pitti 1 | uffizi.it/palazzo-pitti | ⏱ 3–4 Std. | ▥ E–F6*

45 GIARDINO DI BOBOLI ★

Gärten und Parks sind oft hinter dicken Mauern versteckt, und Besucher müssen draußen bleiben. Der Giardino di Boboli beim Palazzo Pitti ist eine der wenigen Gartenanlagen der Stadt, wo man reindarf – nur leider nicht umsonst. Aber es lohnt sich! Laubengänge, Zypressenalleen, Wasserspiele,

Groß, größer, Palazzo Pitti: Dessen Fenster sind größer als die Türen des Palazzo Medici

Teiche und künstliche Grotten erwarten euch. Ihr könnt hier entspannt einen halben Nachmittag verbringen, rumlaufen, lesen oder einfach mal durchatmen. *Tgl. Nov.–Feb. 8.15–16.30, März bis 17.30, April/Mai und Sept./Okt. bis 18.30, Juni–Aug. bis 19.30 Uhr, 1. und letzter Mo des Monats geschl. | Eintritt 10 Euro | Eingänge Palazzo Pitti, Via Romana und Porta Romana | uffizi.it/giardino-boboli | 🕮 E–F 6–7*

46 FORTE DI BELVEDERE

Als Ferdinand I. de' Medici 1590 den Architekten Buontalenti mit dem Bau dieser Festungsanlage oberhalb von Florenz beauftragte, ließ er die Kanonen auch auf die Stadt richten, denn man wusste ja nie, was die Untertanen so trieben. Im Innern der Anlage liegt der elegante, dreistöckige *Palazzetto di Belvedere*. Nach zwei tödlichen Unfällen, bei denen Besucher vom Mauerring stürzten, öffnet die Festung ihre Tore nur für Open-Air-Ausstellungen. Diese nicht verpassen! *Wechselnde Öffnungszeiten, im Sommer meist 11–20 Uhr | Eintritt 3 Euro | Via San Leonardo | museicivicifiorentini.comune. fi.it/fortebelvedere | 🕮 F6*

47 MUSEO ZOOLOGICO „LA SPECOLA"

Vogelspinnen, Schmetterlinge und Riesenschildkröten. In der früheren

Sternwarte *La Specola* befindet sich heute eine faszinierende zoologische Sammlung von Tierpräparaten. Aber auch verblüffend naturgetreue Wachsnachbildungen menschlicher Organe und ganzer „enthäuteter" Körper sind in der anatomischen Abteilung in Vitrinen ausgestellt. Heute kurios, aber ursprünglich dienten viele von ihnen dem medizinischen Unterricht. *Di–So 9–17, Juli/Aug. auch Fr–So 9–13 Uhr | Eintritt 6 Euro | Via Romana 17 | msn.unifi.it | ⏱ 1 Std. | ⬜ E6*

INSIDER-TIPP
Wachsfiguren-Horrorkabinett

48 MUSEO STEFANO BARDINI

Das Museum trägt den Namen des berühmten Sammlers, Restaurators und Fotografen Stefano Bardini, der 1922 seine gesamte Sammlung der Stadt vermachte. Neben Werken von Donatello, Antonio del Pollaiolo, Tiepolo und vielen anderen kann man hier auch die Original-Bronzefigur des *porcellino* von Pietro Tacca sehen, dessen Kopie an der *Loggia del Mercato Nuovo* als Glücksbringer gilt, und dem die Touristen die Nase blank streicheln. *Fr–Mo 11–17 Uhr | Eintritt 7 Euro | Via dei Renai 37 | musefirenze.it/musei/museo-stefano-bardini | ⏱ 45 Min. | ⬜ G6*

49 GIARDINO & VILLA BARDINI

Auf dem Weg zum Rondò Belvedere steigt einem schon auf der barocken Freitreppe der Duft von Rosen, Hortensien und Glyzinien in die Nase. Oben angekommen hat man als Entschädigung für die vielen Stufen vom bezaubernden Garten *(Öffnungszeiten wie Giardino di Boboli s. S. 58)* der Villa Bardini einen phantastischen Blick auf die Stadt. In der Villa befindet sich auch das *Museo Pietro Annigoni (museoannigoni.it)*. *Di–So 10–19 Uhr | Eintritt 10 Euro | Costa di San Giorgio 2 | bardinipeyron.it | ⏱ 1 Std. | ⬜ F6*

50 TORRE SAN NICCOLÒ

Endlich ein ruhiger Platz für Selfies ohne Reisegruppen, die einem dauernd durchs Bild rennen. Und was für einer: in 45 m Höhe auf einem der letzten erhaltenen Türme der mittelalterlichen Stadtmauer. *Mitte Juni–Aug. 17–20, Sept. 16–19 Uhr | Eintritt 6 Euro | Piazza Giuseppe Poggi | musefirenze.it/musei/torre-san-niccolo | ⬜ G6*

AUSSERDEM SEHENSWERT

51 PIAZZALE MICHELANGELO 🔭

Der Blick von hier oben ist einmalig. Touristen und Einheimische gleichermaßen lieben das große Aussichtsplateau und nehmen dafür immer wieder die vielen Treppen auf sich, obwohl man es auch mit Auto und Bus erreichen kann. Die weithin sichtbaren Bronzekopien von Michelangelos *David* und den *Vier Tageszeiten* weist den Weg. *Bus 12, 13 | ⬜ H6*

52 GIARDINO DELLE ROSE

Direkt unterhalb des Piazzale Michelangelo liegt der vielleicht schönste Garten der Stadt. Wie der Piazzale wurde er vom Architekten Giuseppe

Poggi entworfen. Im Giardino delle Rose kann man Sonne tanken, abhängen, und es erwartet einen ein ganz spezielles Fotomotiv: die Stadt, eingerahmt von einem Bronzekoffer.

INSIDER-TIPP
Florenz durch den Reisekoffer

Dieser und andere Statuen sind die Werke des belgischen Künstlers Jean-Michel Folon. *Tgl. 10–18 Uhr | Viale Giuseppe Poggi 2 | ⊞ H6*

⬛ SAN MINIATO AL MONTE ★

Ein paar Minuten zu Fuß vom Piazzale entfernt knirscht der Kies unter den Füßen auf dem Weg zu der Kirche romanischer Baukunst, die still und erhaben über der Stadt liegt. Wenn man Glück hat, kann man einen Mönch über den Vorplatz der Kirche hasten sehen oder es tönen die Vespergesänge aus dem Inneren. In jedem Fall hat diese Kirche eine Atmosphäre, die die Italiener als *suggestivo* bezeichnen: magisch, zauberhaft, spirituell. Schon zu Zeiten Karls des Großen stand hier eine Kirche; vermutlich wurde sie über dem Grab des hl. Minias errichtet, der 250 n. Chr. den Märtyrertod starb. Seine Gebeine werden in einem Schrein in der Krypta aufbewahrt.

Die Fassade der heutigen Basilika (1018–1207) ist mit weißem Carrara-Marmor und grünem Serpentin belegt. Auch Fußboden, Chorschranken und Kanzel tragen kostbare Marmoreinlegearbeiten. Das Apsismosaik mit dem *Thronenden Christus* von 1297 wurde mehrfach restauriert. Am Ende des Mittelschiffs ein tonnengewölbtes *Marmortabernakel* von Michelozzo (1448) mit Kassettenrosetten und farbigen Majolikaschindeln von Luca della Robbia. Die Altartafeln (um 1396) stammen aus der Werkstatt Agnolo Gaddis. Im linken Seitenschiff befindet sich die *Cappella del Cardinale del Portogallo*: Das Grabmal wurde von Rossellino gestaltet, die Kapellendecke und die Rundbilder aus farbig glasierter Terrakotta von Luca della Robbia (1461–66).

Die Kirche und der angrenzende *Palazzo dei Vescovi* gehörten 1373–

Am Piazzale Michelangelo klingt der Tag mit Weitblick aus

1552, wie auch heute wieder, den Olivetanern, einer Benediktinerkongregation, deren Vespergesänge stets um ca. 17.30 Uhr in der Kirche ertönen. *Tgl. 9–19, Winter 13–15.30 Uhr | Via Monte alle Croci | sanminiatoalmonte.it | Bus 12, 13 | H7*

INSIDER-TIPP
Choräle über der Stadt

54 PARCO DELLE CASCINE

Viel Grün und ganz umsonst. Der riesige Park liegt direkt am Arno und mittendrin das Schwimmbad *Le Pavoniere (tgl. 10-18.30 Uhr | Eintritt 8 Euro, Kinder 6 Euro)*, im Sommer perfekt zum Baden oder *aperitivo* trinken. Ganzjährlich könnt ihr dort Rollerskates leihen. *Piazzale delle Cascine | Bus 17, 28, 29, 30, 35, 60, C2, C3 | Tram 1 | B–C 3-4*

55 FORTEZZA DA BASSO

Zurück aus der Vertreibung verschanzten sich die Medici in dieser mächtigen, sternförmigen Festungsanlage am Südende der Stadt, um künftig gegen Volksaufstände besser gewappnet zu sein. Heute finden hier zweimal jährlich nur für Wiederverkäufer die große internationale Modemesse für Herren *Pitti Uomo (pittimmagine.com)* sowie weitere Messen, Kongresse und Events statt. *Viale Filippo Strozzi 1 | Bus 1, 2, 4, 6, 8, 11, 12, 13, 14, 17, 20, 23, 28 | E–F3*

56 MUSEO STIBBERT

Mehr als 10 000 Rüstungen und Waffen aus Europa, Asien und Afrika. In der Rittersaal-ähnlichen *Sala della Cavalcata* ist sogar ein Zug von 14 Rittern und Pferden im vollen Harnisch des 16. Jhs. aufgebaut! Frederick Stibbert fing gegen 1860 an, ein wahres Raritätenkabinett aufzubauen. 64 Räume seines Hauses sind voll mit Möbeln, Skulpturen, Kostümen und Kuriositäten. Die Villa umgibt ein weitläufiger Park (guter Picknickort). *Park: April–Okt. Fr-Mi 8–19, Nov.–März 8–17 Uhr | Eintritt frei | Museum: ganzjährig*

Der Parco delle Cascine zieht sich rund 3,5 km am Nordufer des Arno entlang

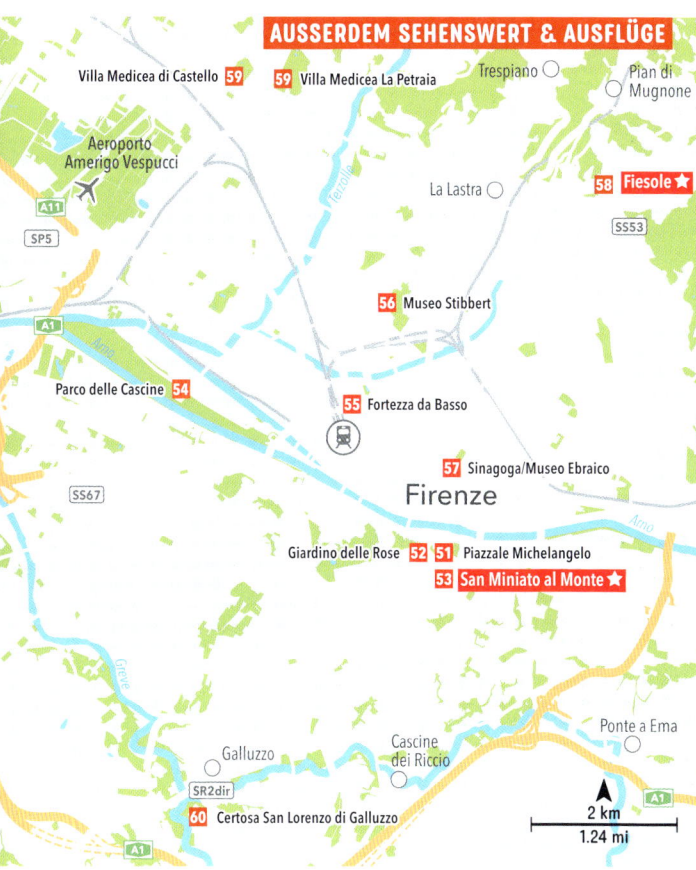

AUSSERDEM SEHENSWERT & AUSFLÜGE

Villa Medicea di Castello **59**
59 Villa Medicea La Petraia
Trespiano
Pian di Mugnone

Aeroporto Amerigo Vespucci

La Lastra

58 **Fiesole** ★

A11
SP5
SS53

56 Museo Stibbert

A1

Parco delle Cascine **54**
55 Fortezza da Basso

57 Sinagoga/Museo Ebraico

SS67
Firenze

Giardino delle Rose **52** **51** Piazzale Michelangelo
53 **San Miniato al Monte** ★

Ponte a Ema

Galluzzo
Cascine dei Riccio

SR2dir
A1

2 km
1.24 mi

60 Certosa San Lorenzo di Galluzzo
A1

Mo–Mi 10–14, Fr–So 10–18 Uhr | Eintritt 8 Euro, Kinder 6 Euro | Via Federigo Stibbert 26 | museostibbert.it | Bus 4 ab Hauptbahnhof | 🕐 1,5 Std. | 🗺 F1

57 SINAGOGA/MUSEO EBRAICO

Der Bau der Synagoge von Florenz wurde 1882 beendet und ist ein schönes Beispiel neumaurischer Architektur. Das Innere ist vollständig mit Fresken versehen. Auch die Mosaiken, mehrfarbigen Glasfenster und Dekorationen in Bronze und Holz sind bemerkenswert.

Im ersten Stock wird die Geschichte der Juden in Florenz anhand von Fotos, Gemälden und rituellen Gegenständen veranschaulicht. *Juni–Sept. So–Do 10–18.30, Fr 10–17, Okt.–Mai So–Do 10–17.30, Fr 10–15 Uhr, Sa und an jüdischen Feiertagen geschl.* | Eintritt 6,50 Euro | *Via Farini 4/6 | firenzebraica.it* | Bus 6, 14, 19, 23, 31, 32, C1, C2 | 🕐 1 Std. | 🗺 H4–5

AUSFLÜGE

🟥58 FIESOLE ⭐

*7 km/30 Min. mit Bus 7 ab Haupt-
bahnhof*

Ihr solltet auf keinen Fall abreisen,
ohne Fiesole gesehen zu haben! Boccaccio und Proust waren schon ange-
tan von dem kleinen Ort oberhalb von
Florenz, aber Fiesole war zuerst da.
Das *Amphitheater,* Reste römischer
Thermen und Teile der etruskischen
Stadtmauer bezeugen das. Unübersehbar im Ort ist die mächtige *Cate-
drale di San Romolo,* und noch ein
Stückchen weiter oben steht ruhig
und friedlich das *Kloster San Francesco.* Hier oben liegt euch die ganze
Toskana zu Füßen (s. ausführlich: Er-
lebnistour 3 ab S. 125). 🚶 *0*

🟥59 VILLA MEDICEA DI CASTELLO/ VILLA MEDICEA LA PETRAIA 🐾

8 km/30 Min. mit Zug und Bus 2/28

Übervölkert, eng, stinkig, düster und
feucht – so war Florenz im 15. Jh. Deshalb zog sich damals die Upper Class
(also die Medici) auf die umliegenden
Hügel zurück und baute sich dort ab
Anfang des 16. Jhs. herrliche Villen,
umgeben von prächtigen Gärten mit
bester Aussicht auf die umliegende
Landschaft. Die Aussicht ist natürlich
inzwischen dahin, verdrängt durch
Wohngebiete und Fabriken. Aber die
Gebäude haben die Jahrhunderte
überdauert, und die meisten Gärten
auch. Zwei der Medici-Villen liegen
direkt am Stadtrand von Florenz, und
zumindest Gartenliebhaber sollten einen Besuch einplanen. Mit den Busli-
nien 2 und 28 kommt man bestens
vom Hauptbahnhof Santa Maria Novella in ca. 30 Minuten hin.

Und wer weiß schon, dass Botticellis
Gemälde „Primavera" und „Geburt der
Venus" – heute Hauptattraktionen der
Uffizien – zu ihrer Glanzzeit im medi-
ceischen Landsitz hingen, in der *Villa
Medicea di Castello*? Die Villa war seit
1480 im Besitz der Medici. Heute ist
sie Sitz der Accademia della Crusca
und nur noch zu Studienzwecken zu-
gänglich. Der Garten *(meist 8.30–
16.30 Uhr, variiert je nach Jahreszeit,
besser nachfragen: Tel. 055 4526 91 |
Eintritt frei | Via di Castello 47 | Halte-
stelle Sestese Leo France | polomusea
letoscana.beniculturali.it)* ist aber offen. Er ist nach den Boboli-Gärten
wohl der schönste der Toskana.

Auf halbem Weg hoch nach Fiesole liegt die Badia Fiesolana, heute Europäische Uni

In der *Villa Medicea La Petraia (Nov.–Feb. 8.30–16.30, März und Okt. 8.30–17.30, April–Sept. 8.30–18.30 Uhr, 2. und 3. Mo im Monat geschl. | Eintritt frei | Via della Petraia 40 | Haltestelle Sestese 03 | polomusealetoscana.beni culturali.it)* können auch die Innenräume besichtigt werden. Zuletzt war sie das Liebesnest von Italiens erstem König Vittorio Emanuele II. und seiner Geliebten, der Bella Rosina – entsprechend wahrhaft königlich ist sie auch ausgestattet. 1544 erstand Cosimo I. de' Medici den Bau. Er wurde in den folgenden Jahrzehnten erweitert und erhielt u. a. den bedeckten Innenhof, der mit herrlichen Fresken ausgemalt ist. Von drei großen Terrassen aus hat man einen Bilderbuchblick auf das Tal und Florenz. ⬛ 0

🔟 CERTOSA SAN LORENZO DI GALLUZZO

9 km/35 Min. mit Bus 37 ab Santa Maria Novella

Das alte Kartäuserkloster (1314) im Süden von Florenz ragt euch vom Monte Santo entgegen. Schon die Lage und die Architektur sind einen kleinen Ausflug wert. Und das Beste ist: Man ist hier fast mit den Mönchen allein! Gegen eine kleine Spende führt euch einer von ihnen durch die Kreuzgänge, die unterirdischen Gänge und die Mönchszellen. Schaut euch unbedingt die Fresken Pontormos und die Bilder Andrea del Sartos in der Pinakothek an. Sie sind wunderbare Beispiele des Manierismus. *Führungen Di–Sa 10, 11, 15, 16, im Sommer auch 17 Uhr | lacertosa difirenze.it |* ⬛ 0

ESSEN & TRINKEN

Hast du schon einmal *crostini* gegessen, geröstetes Weißbrot, bestrichen mit schmackhafter Leberpastete, oder *fagioli all'uccelletto,* weiße Bohnen mit Salbei in Tomatensauce, vielleicht sogar eine *bistecca alla fiorentina,* ein etwa 4 cm hohes und 800 g schweres T-Bone-Steak vom Rind, gegrillt, gesalzen, gepfeffert und *basta*? Du solltest diese Köstlichkeiten probieren! Sie gehören zum Besten der toskanischen Küche.

Egal, was gefeiert wird, die Italiener gehen essen. Um mithalten zu können, musst du einige Besonderheiten beachten: Speiselokale

Crostini

(Ristorante, Trattoria, Osteria) sind generell von 12.30 bis 14.30 und 19.30 bis 22.30 Uhr geöffnet. Pizza gibt es – außer als *pizza a taglio* zum Mitnehmen – auch in Pizzerien generell nur am Abend. Im Zentrum bieten allerlei Lokale ein *menù fisso* meist mit drei Gängen zum niedrigen Festpreis an. Es hat jedoch leider oft mit der viel gerühmten toskanischen Küche aus frischen Zutaten der jeweiligen Saison nicht das Geringste zu tun. Lass dir lieber in einer guten Bar oder in einem ganz normalen Lebensmittelgeschäft ein *panino* belegen, da bist du besser dran.

WO FLORENZ ISST

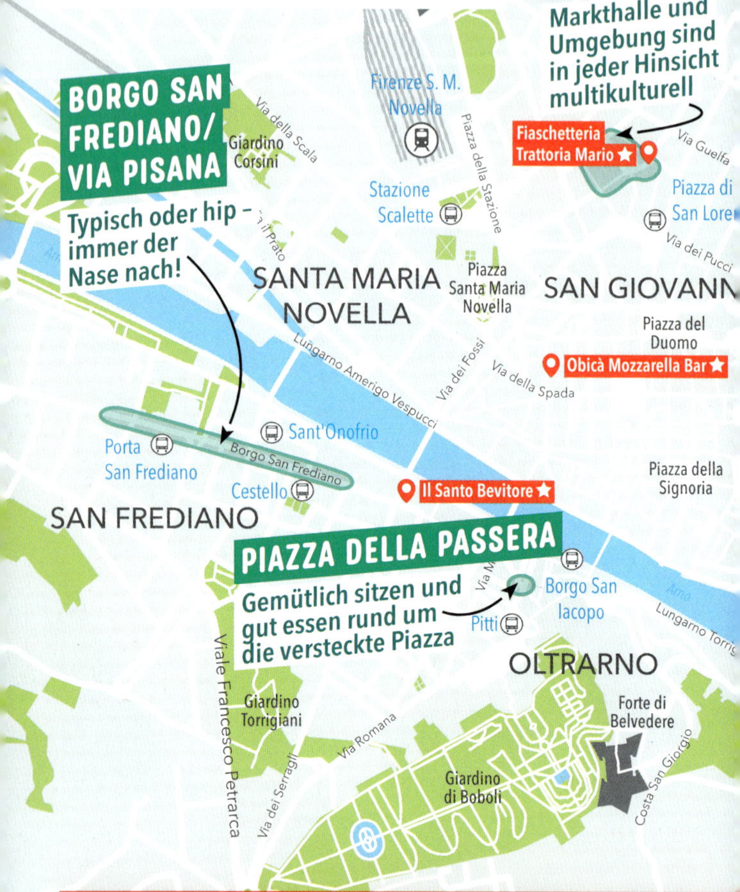
SAN LORENZO
Markthalle und Umgebung sind in jeder Hinsicht multikulturell
Fiaschetteria Trattoria Mario ★
BORGO SAN FREDIANO/ VIA PISANA
Typisch oder hip – immer der Nase nach!
Giardino Corsini
Via della Scala
Firenze S. M. Novella
Piazza della Stazione
Via Guelfa
Piazza di San Lore
Stazione Scalette
Via dei Pucci
SANTA MARIA NOVELLA
Piazza Santa Maria Novella
SAN GIOVANN
Piazza del Duomo
Obicà Mozzarella Bar ★
Lungarno Amerigo Vespucci
Via dei Fossi
Via della Spada
Sant'Onofrio
Porta San Frediano
Borgo San Frediano
Cestello
Il Santo Bevitore ★
Piazza della Signoria
SAN FREDIANO
PIAZZA DELLA PASSERA
Gemütlich sitzen und gut essen rund um die versteckte Piazza
Borgo San Iacopo
Pitti
Arno
Lungarno Torrig
OLTRARNO
Viale Francesco Petrarca
Giardino Torrigiani
Via Romana
Forte di Belvedere
Costa San Giorgio
Via dei Serragli
Giardino di Boboli

MARCO POLO HIGHLIGHTS

★ **VIVOLI**
Probier das nach Meinung der Florentiner beste Eis der Stadt. ➤ S. 72

★ **CIBRÈO RISTORANTE**
Ein kulinarisches Reich im Marktviertel von Sant'Ambrogio. ➤ S. 75

★ **LA GIOSTRA**
Einfach köstlich: vorzügliche Gerichte und ein gut sortierter Weinkeller. ➤ S. 75

★ **OBICÀ MOZZARELLA BAR**
Lass dich von der Geschmacksvielfalt der Mozzarella überraschen. ➤ S. 76

Via Senese
Omero ★

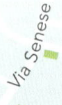

Map labels

Viale Giacomo Matteotti

Viale dei Mille

Via Pier Antonio Micheli

Via degli Artisti

Via del Campo d'Arrigo

Via Frusa

Via Mafia

Giardino dei Semplici

Giardino Della Gherardesca

Via dei Della Robbia

Via Masaccio

Firenze Campo di Marte

Viale Antonio Gramsci

Via Mannelli

Via della Colonna

Via degli Alfani

Via Giosuè Carducci

Via Antonio Scialoja

Via Luca Landucci

Via dell'Oriuolo

📍 La Giostra ⭐

📍 Cibrèo Ristorante ⭐

Via Piagentina

SANTA CROCE

📍 Enoteca Pinchiorri ⭐

📍 Vivoli ⭐

Via Ghibellina

Via della Giovine Italia

Viale Giovanni Amendola

Piazza Santa Croce

Via dei Malcontenti

LUNGARNO CRISTOFORO COLOMBO

Street Food und Cocktails – Florenz' Summer-Feeling

De Sanctis

Lungarno delle Grazie

Via del Campofiore

Pecori Giraldi

Lungarno del Tempio

Enel

Lungarno Serristori

Arno

Via dei Bastioni

Lungarno Francesco Ferrucci

Piazzale Michelangiolo

RICORBOLI

Via di Rusciano

Via di Ripoli

SAN NICCOLÒ

Viuzzo di Gamberaia

Via Pietro Tacca

⭐ **OMERO**
Land und Leute: In diesem historischen Restaurant hast du beides. ➤ S. 75

⭐ **IL SANTO BEVITORE**
Ein Mix aus Tradition und Moderne: Hier macht es Spaß zu essen. ➤ S. 77

⭐ **ENOTECA PINCHIORRI**
Für besondere Anlässe: großartige Weine und wahre Gaumenfreuden. ➤ S. 75

⭐ **FIASCHETTERIA TRATTORIA MARIO**
Typisch florentinische Gerichte in einem winzigen Lokal hinterm Markt. ➤ S. 78

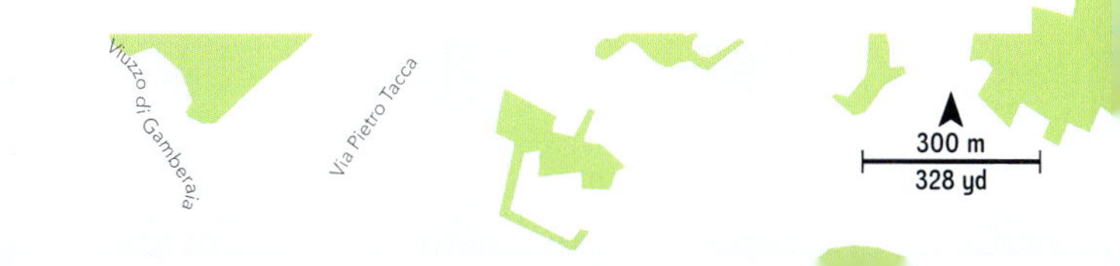

300 m
328 yd

Gegessen wird in Italien gern und am liebsten italienisch. Morgens geht's hektisch zu, wer also seine Ruhe braucht, sollte lieber nicht *al bar* frühstücken. Da klappert's, scheppert's, klirrt's, Menschen kommen rein, stürzen einen *caffè* runter, verschlingen ein Croissant, das hier *brioche* genannt wird, und sind wieder weg. So ein Frühstück *all'italiana* geht ganz schnell und findet meistens im Stehen statt. Im Sitzen kostet der Cappuccino normalerweise das Doppelte (zumindest im Zentrum)!

Zum *pranzo* werden oft günstige Mittagsmenus angeboten (Touri-Tempel in der Innenstadt besser meiden). *Panini* oder Pizza zum Mitnehmen bekommt ihr überall, aber Vorsicht, wo ihr euch damit hinsetzt! Die Stadt hat der Fresserei auf der Straße den Kampf angesagt! Essen auf den Treppen vorm Dom oder den Uffizien ist jetzt verboten.

Ab 19 Uhr ist *Aperitivo*-Zeit. Ihr bezahlt nur das Getränk, und dann ist am Buffet all you can eat angesagt. Abends strömt ganz Florenz samt Umland ins *ristorante*. Insofern besser reservieren! Einfach hinsetzen kommt übrigens nicht gut an, ihr bekommt euren Platz zugewiesen.

Und wenn dann plötzlich der feine Geschäftsmann am Nebentisch anfängt, die Fleischreste vom Knochen zu nagen, hat er wahrscheinlich gerade ein riesiges, blutiges, aber sehr zartes T-Bone-Steak verspeist, die berühmte *bistecca alla fiorentina* – nichts für Vegetarier, für Fleischfans aber ein Hochgenuss. Wenn ihr euch mal von der fleischlastigen toskanischen Küche erholen wollt, gibt es selbst im traditionellen Florenz Alternativen. Die Restaurantkultur wird auch hier langsam internationaler, veganer, laktosefreier. Noch was zum Schluss: Beim Wein ist der *vino della casa* keine schlechte Wahl, der ist normalerweise gut und kostet nicht so viel.

CAFÉS

RIVOIRE 🚩

Teuer (wenn man am Tisch sitzt), aber unschlagbar. Diese Florentiner Institution serviert eine phantastische heiße Schokolade mit Sahne und direktem Blick auf die Piazza della Signoria. *Di–So 8–22 Uhr | Piazza della Signoria 5 | rivoire.it | San Giovanni | ⊞ F5*

LE OBLATE 🐟

Früher Kloster, heute sehr schöne Stadtbibliothek. Hier kann man im ehemaligen Kreuzgang oder oben auf der überdachten Terrasse gemütlich ein Buch lesen und die Seele baumeln lassen.

INSIDER-TIPP Super Ausblick ohne Aufpreis

Im oberen Stock ist ein Café, von dem man die Domkuppel bestaunen kann – zu ganz normalen Preisen! *Mo–Sa | Via dell'Oriuolo 26 | bibliotecadelleoblate.comune.fi.it | Santa Croce | ⊞ G5*

LA CITÉ – LIBRERIA CAFÉ 🌱

Kaffee, Bücher und abends manchmal Livemusik oder Events in gemütlicher Atmosphäre. Für Teetrinker: eines der wenigen Cafés, in der der Tee günstig ist. *Tgl. | Borgo San Frediano 20r | lacitelibreria.info | Oltrarno | ⊞ E5*

Darf's richtig schön traditionell sein? Das Café Gilli ist Kult – seit fast 200 Jahren

URBAN GARDEN

... ist der bekanntere Name für *Serre Torrigiani in Piazzetta*. Und er trifft es auch besser. Gerade ist man noch im Trubel der Via dei Calzaiuoli. Dann: <mark>Ein kleines Schild „Urban Garden", ein kleines Gässchen, und plötzlich ist es ruhig, und ein Café im Freien erwartet dich</mark>. Nur im Sommer. *Piazza Tre Re* | tgl. 24 Std. geöffn. | *serretorrigianiinpiazzetta.it* | *San Giovanni* | ▥ *F5*

INSIDER-TIPP
Chillen mitten im Zentrum

GILLI 🚩

Beliebt seit 1733! Elegantes Kaffeehaus mit historischem Charme und wirklich hervorragendem Cappuccino. *Mi–Mo* | *Via Roma 1* | *gilli.it* | *San Giovanni* | ▥ *F5*

HEMINGWAY

Ein absolutes Muss für Schokoladenfreaks! Aber auch gutes, hausgemachtes Eis, Kuchen (wie man sie in Florenz nur selten bekommt!), viele Tee- und Kaffeesorten, Crêpes etc. *Di–So abends* | *Piazza Piattellina 9r* | *hemingway.fi.it* | *Oltrarno* | ▥ *E5*

DITTA ARTIGIANALE ☂

(Fast) wie in der Großstadt. Hinter Glasscheiben seht ihr sie sitzen, die Hipster dieser Stadt, beim Brunch inklusive Hafer- oder Sojamilch, aber natürlich gibt es auch „klassisch italienisch". Kaffee kann man hier in allen Varianten trinken, kaufen oder sogar lernen, wie man ihn röstet (Infos unter *dittaartigianale.it*). *Tgl.* | *Via dei Neri 21r* | *Oltrarno* | ▥ *G5*

Auch wenn die Konkurrenz groß ist: Das Eis von Vivoli bleibt legendär

Eiskreationen (auch in glutenfreier Waffel) ganz ohne nervige Schlange. *Tgl. ab mittags | Piazza Torquato Tasso 11 | lasorbettiera.com | Oltrarno | ☐☐ D6*

PARCO CARABÈ

Bei Antonio erhält man zweifellos die beste sizilianische *granita* der Stadt: gecrashtes Eis. Besonders zu empfehlen: Kombi aus Frucht und Mandel. *Tgl. | Via Ricasoli 60 | parcocarabe.it | San Giovanni | ☐☐ G4*

INSIDER-TIPP
Sizilien in Florenz

VIVOLI ⭐ 🏴

Genau hier wurde das Speiseeis erfunden. Heute habt ihr bei über 40 Sorten die Qual der Wahl. *Di–So | Via Isola delle Stinche 7 | vivoli.it | Santa Croce | ☐☐ G5*

ENOTHEKEN, BARS & SNACKS

ARÀ

Perfekt für einen authentischen sizilianischen Snack zwischendurch! *Tgl. | Via degli Alfani 127r | Santa Croce | ☐☐ G4*

LA PROSCIUTTERIA

Der Rehbock trägt hier Perücke und Perlen und hängt an einer gemusterten Tapete. Überhaupt ist dieser Laden voll mit Krimskrams, aber schön ist's. Passend zur Deko könnt ihr einen opulenten Vorspeisenteller bestellen oder einfach nur beim schlichten Sandwich bleiben. *Tgl. | Borgo San Frediano 15r | laprosciutteria.com | Oltrarno | ☐☐ E5*

EISDIELEN

GROM

Das Know-how der Eisherstellung kommt aus Turin, die Zutaten aus der ganzen Welt. Zentral zwischen Dom und Palazzo Vecchio gelegen. *Tgl. | Via del Campanile/Via delle Oche | grom. it | San Giovanni | ☐☐ F5*

LA SORBETTERIA

Zitrone-Salbei, Salted Caramel oder klassisch. Hier gibt es phantastische

Unsere Empfehlung heute

Vorspeisen

CROSTINI TOSCANI/BRUSCHETTE
geröstetes Brot mit Hühnerleberpastete/
Tomaten

**COCCOLI CON PROSCIUTTO
E STRACCHINO**
unwiderstehlicher Mix aus frittierter
pasta mit cremigem Käse und Schinken

PANZANELLA
leichter Sommersalat mit toskanischem
Weißbrot und Tomaten

Primi –
erster Gang

RIBOLLITA
dicker Gemüseeintopf mit weißen
Bohnen und Brot

PAPPA AL POMODORO
lauwarm servierte Tomatenbrotsuppe

**TAGLIATELLE ALLA LEPRE/
AL CINGHIALE**
Bandnudeln mit Hasenragout /
Wildschweinragout

TRIPPA ALLA FIORENTINA
nur für Innereienliebhaber:
Kalbskutteln mit Tomatensauce

Secondi –
zweiter Gang

BISTECCA FIORENTINA
DIE Spezialität: saftiges, 3,5 cm dickes
T-Bone-Steak

TAGLIATA DI MANZO
die *bistecca* in klein und in Stücken

BACCALÀ ALLA FIORENTINA
Stockfisch in Tomatensauce mit
Basilikum

Desserts

BISCOTTI DI PRATO (CANTUCCI)
Mandelkekse, die man in Vin Santo,
einen süßen Dessertwein, taucht

TORTA DELLA NONNA
„Omas Torte" aus Mürbeteig und
Puddingcreme

Getränke

VINO DELLA CASA
Hauswein

NEGRONI
der Florentiner Cocktail, der reinhaut!
Gin, Roter Wermut und Campari

DORSODURO3821

Ein winziges Stück Venedig in Florenz. Andrea hat die typisch venezianischen *cicchetti* (Häppchen) hier eingeführt. Dazu trinkt man am besten einen guten Spritz. *Mo–Sa nur abends | Via San Gallo 41r | Tel. 05 55 27 40 54 | San Goivanni | 🚇 G3*

'INO

Mehr als einfach nur ein belegtes Brötchen! Gut versteckt in einer winzigen Gasse hinter der Piazza della Signoria werden echte Delikatessen für Gourmets kreiert. *Tgl. nur mittags | Via dei Georgofili 3r–7r | inofirenze.com | San Giovanni | 🚇 F5*

PROCACCI

Schon König Vittorio Emanuele II. hat hier seine Trüffeldelikatessen bestellt, und auch heute werden feinste Trüffelbrötchen in leicht antiquiertem Ambiente serviert. *Mo–Sa | Via Tornabuoni 64r | procacci1885.it | San Giovanni | 🚇 F5*

AMBLÉ

Smoothies, Snacks, Vintagestyle und eine der wenigen ruhigen Ecken mitten im *centro*, ideal für eine kleine Pause. Wenn ihr den Stuhl, auf dem ihr sitzt, gleich mitnehmen wollt, geht das auch. Alles, was das Auge sieht, steht zum Verkauf! *Tgl., So erst ab mittags | Piazzetta dei Del Bene 7a | amble. it | San Giovanni | 🚇 F5*

VIVANDA

Gesundheit non plus ultra! Alles bio – 120 verschiedene Weine und verlockende Gerichte. *Tgl. | Via Santa Monaca 7 | vivandafirenze.it | Oltrarno | 🚇 E5*

Bei Il Guscio genießt man typische *cucina fiorentina* in authentischem Ambiente

RESTAURANTS €€€

ENOTECA PINCHIORRI ★

Fünf Drei-Sterne-Köchinnen gibt es weltweit, und eine davon kocht hier! Wenn es was zu feiern gibt, ist das der Moment, um in einem der besten Restaurants Europas zu dinieren. Nicht ganz günstig, aber ein Genuss. Für Wein ist auch gesorgt: Im Keller liegen 150 000 Flaschen. *Di–Sa nur abends | Via Ghibellina 87 | Tel. 0 55 24 27 77 | enotecapinchiorri.com | San Giovanni | ⌘ G5*

LA GIOSTRA ★

Hier kocht und serviert der Erzherzog höchstpersönlich. Er kocht übrigens sehr gut, und auch die Weinkarte ist ausgezeichnet. *Mo–Fr mittags und tgl. abends | Borgo Pinti 10r | Tel. 0 55 24 13 41 | ristorantelagiostra.com | San Giovanni/Santa Croce | ⌘ G5*

FISHING LAB ALLE MURATE

Fisch – gekocht, roh, gepökelt, mit Kopf und Flossen oder als Sashimi. Man hat das Gefühl, am Meer zu sein, und die Wandmalerei ist museumswürdig, denn sie zeigt die einzige authentische Abbildung Dantes. *Tgl. | Via del Proconsolo 16r | Tel. 0 55 24 06 18 | fishinglab.it/firenze | San Giovanni | ⌘ G5*

INSIDER-TIPP Zu Tisch mit Dante

OMERO ★ ☂

Schinken und Salami hängen in der *bottega* schon von der Decke. Hier kann man sich einfach im „Zimmer mit Aussicht" ein Brot machen lassen oder gut toskanisch essen. Ein schö-

ner Raum mit grandiosem Blick. Gleich nebenan wohnte übrigens Galileo Galilei. *Tgl. | Via Pian dei Giullari 11r | Tel. 0 55 22 00 53 | ristoranteomero.it | Oltrarno | ⌘ F8*

CIBRÈO RISTORANTE ★

Fabio Picchi gehört zu den schillernden Figuren der Stadt. Er experimentiert und kocht fürs Fernsehen, hat eine „Kochakademie" gegründet und nebenbei noch ein kulinarisches Imperium aufgebaut. Im Cibrèo Ristorante gibt's toskanische Küche auf höchstem Niveau, ganz ohne Nudeln, mit täglich wechselnden Gerichten, die Fabio persönlich vorstellt. Dazu gehört auch das günstigere *Cibreino (Cibrèo Trattoria)* (s. unten) gleich nebenan, das *Cibrèo Caffe* und jetzt auch das *Cibléo*, wo er toskanische Küche mit orientalischer vereint. Nur mit Reservierung. *Di–So | Via Andrea del Verrochio 8r | Tel. 05 52 34 11 00 | cibreo.com | Santa Croce | ⌘ H5*

RESTAURANTS €€

CIBREINO

Der kleine Bruder des *Cibrèo*. Die Gerichte sind etwas einfacher, serviert wird an Holztischen. Keine Reservierung möglich. *Sept.–Juli Di–So | Via dei Macci 122r | edizioniteatrodelsale cibreofirenze.it | Santa Croce | ⌘ H5*

IL GUSCIO

Trattoria mit guter Küche und einer großen Weinkarte jenseits der üblichen Touristenmeilen. *Mo–Sa | Via dell'Orto 49a | Tel. 0 55 22 44 21 | ristorante-ilguscio.it | Oltrarno | ⌘ D5*

TAMERO

Wer reinkommt, kann gleich mal schauen, ob der Koch alles richtig macht. Gekocht wird hinter Glas mit frischen Zutaten und modernem Konzept. Sehr empfehlenswert ist der aperitivo (19–21 Uhr) – am besten draußen auf der wunderschönen Piazza Santo Spirito. Das Abendessen kann dann auch mal ausfallen. *Tgl. | Piazza Santo Spirito 7 | Tel. 0 55 28 25 96 | Oltrarno | ⌂ F6*

INSIDER-TIPP Abende auf der Piazza

LUNGARNO 23

Alles vom Chianina-Rind: Carpaccio, Roastbeef, Tartar und exquisite Hamburger. Schönes Ambiente und Terrasse. *Mo–Sa nur abends | Lungarno Torrigiani 23 | Tel. 05 52 34 59 57 | lungarno23.it | Oltrarno | ⌂ G6*

4 LEONI

Typische Trattoria, wo die hausgemachte Pasta und die *bistecca alla fiorentina* besonders gut sind. *Tgl. | Via dè Vellutini 1r | Tel. 0 55 21 85 62 | 4leoni.com | Oltrarno | ⌂ F6*

OBICÀ MOZZARELLA BAR ★

Die beste Mozzarella der Stadt im vornehmen Palazzo Tornabuoni. Wer die süditalienische Käsekultur besser kennenlernen möchte, kann auch an einer Degustation teilnehmen. *Tgl. 1 | Via dei Tornabuoni 16 | Tel. 05 52 77 35 26 | obica.com | San Giovanni | ⌂ F5*

GESTO

Burger, Carpaccio, Sashimi, Hummus oder Couscous. Die Küche vom Gesto ist international, sein Konzept hip. Bestellt werden die Minigerichte, indem man sie auf kleine Tafeln schreibt. Ideal, um mal Verschiedenes zu probieren. *Tgl. nur abends | Borgo San Frediano 27r | Tel. 0 55 24 12 88 | gestofailtuo.it | San Giovanni | ⌂ E5*

OLIVIA

Jetzt wird's ölig. Reines toskanisches Olivenöl ist angesagt: zu jeder hier offerierten Speise, im Streetfood zum Mitnehmen und sogar als Hautpflegemittel. *Di–Sa | Piazza Pitti 14r | Tel. 05 52 67 03 59 | oliviafirenze.com | Oltarno | ⌂ E–F6*

QUINOA

Superfood im Innenhof! Oder drinnen. Hinter Glas erwarten euch Kellner in Schwarz, Flamingos aus Porzellan, viel Urban Chic und eine wirklich kreative Speisekarte. Italienisch mit exotischen Elementen, vegan oder mit Fleisch, alles 100 Prozent glutenfrei und bio. Perfekt auch für Leute mit Unverträglichkeiten. Unbedingt reservieren! *Tgl. | Vicolo di Santa Maria Maggiore 1 | Tel. 0 55 29 08 76 | ristorantequinoa.it | San Giovanni | ⌂ F5*

INSIDER-TIPP Schlemmen trotz Intoleranz

L'OV

Grün wächst einem hier schon von den Wänden entgegen, und Kühe stehen nur zur Deko auf dem Tisch. Auf der Karte ist alles bio/vegetarisch/vegan. Traditionelle (italienische) Rezepte mal ganz neu interpretiert! Die OV ist nicht nur was für Vegetarier, sondern für alle, die mal einen fleischfrei-

Schönes Ambiente und gute regionale Küche: Sostanza detto „Il Troia"

en Tag einlegen wollen. *Mo–Sa | Piazza del Carmine 4r | Tel. 05 52 05 23 88 | osteriavegetariana.it | Oltrarno | ⌑ E5*

IL SANTO BEVITORE ★

Köstlich sind die Vorspeisen wie verschiedene Schinkensorten und eingelegtes oder gegrilltes Gemüse. Spezialitätentipp für danach: *tartara* aus Chianina-Rind oder ein guter Fisch. Ausgezeichnetes Preis-Leistungs-Verhältnis. *Tgl. außer So mittags | Via Santo Spirito 64/66r | Tel. 0 55 21 12 64 | ilsantobevitore.com | Oltrarno | ⌑ E5*

SOSTANZA DETTO „IL TROIA" ⚑

In der ältesten Trattoria von Florenz hat schon Chagall gespeist. Küche und Einrichtung haben sich seit 1869 kaum verändert. Nach wie vor wird einfache, gute toskanische Küche an-

geboten. *Mo–Fr | Via del Porcellana 25r | Tel. 0 55 21 26 91 | Santa Maria Novella | ⌑ E5*

PIAZZA DEL VINO

In einer Fabrik, wo früher Silberputzmittel hergestellt wurde, liegt das Silber jetzt neben Gerichten aus allen Regionen Italiens. Cool und schnörkellos. Etwas außerhalb, aber der Weg dorthin lohnt sich! *Tgl. | Via della Torretta 18r | Tel. 0 55 67 14 04 | piazzadelvino.weebly.com | Campo di Marte | ⌑ K5*

TRATTORIA DELL'ORTO

Helle Farben, netter Service, toskanische Küche. Im Sommer auch draußen. *Mi–Mo | Via dell'Orto 35a | Tel. 0 55 22 41 48 | trattoriadellorto.com | Oltrarno | ⌑ D5*

RESTAURANTS €

DOLCE VEGAN

In diesem winzigen Biobistro werden die feinsten veganen Gerichte zubereitet. Besonders köstlich: die Desserts. *Tgl.* | *Via San Gallo 92r* | *mobil 32 88 21 12 20* | *dolcevegan.it* | *San Giovanni* | ℍ *G3*

FIASCHETTERIA TRATTORIA MARIO ⭐

„Giovanni, due! Elisa, tre!" Jeden Mittag steht hier eine Schlange, und alle warten, bis ihr Name aufgerufen wird. Das Warten lohnt. Seit 60 Jahren serviert dieser Familienbetrieb, den Nonno Romeo 1953 gründete, eine der besten *bistecche alla fiorentina*. *Mo–Sa nur mittags* | *Via Rosina 2r* | *Tel. 0 55 21 85 50* | *trattoriamario.com* | *San Giovanni* | ℍ *F4*

MOSTODOLCE

In der Pizzeria und Brauerei Mostodolce gibt es nicht nur gutes Bier und leckere Pizzen (Tipp: *pizze speciali*), sondern auch legendäres *birramisú* (Tiramisú getränkt mit Bier statt Amaretto). *Tgl.* | *Via Nazionale 114r* | *Tel. 05 52 30 29 28* | *San Giovanni* | ℍ *F4*

INSIDER-TIPP
Bier im Tiramisú

MERCATO CENTRALE 🍴

Die Standbesitzer der Foodmeile im Obergeschoss der alten Markthalle rühmen sich, dass sie nur regionale Produkte der jeweiligen Saison verkaufen und für ihre Gerichte verwenden. Das verspricht wahren Genuss. Lecker, locker und ein idealer Ort, um mit Freunden zu essen. *Tgl.* | *Piazza del Mercato Centrale* | *Via dell'Ariento 10–14* | *mercatocentrale.it* | *San Giovanni* | ℍ *F4*

GOZZI SERGIO 🚩

In der sympathischen, authentischen Kneipe direkt an der Piazza San Lorenzo gibt es seit Jahrzehnten dieselben einfachen Gerichte. Man sitzt zusammengewürfelt mit anderen am Tisch, und das Essen ist superlecker. *Mo–Sa nur mittags* | *Piazza San Lorenzo 8* | *Tel. 0 55 28 19 41* | *San Giovanni* | ℍ *F4*

OSTERIA SAN NICCOLÒ

Sympathische Osteria abseits der Touristenpfade: bis 24 Uhr gute Florentiner Küche zu zivilen Preisen. *Tgl.* | *Via San Niccolò 60r* | *Tel. 05 52 34 28 36* | *osteriasanniccolo.it* | *Oltrarno* | ℍ *G6*

TRATTORIA SANT'AGOSTINO

Beliebte Oltrarno-Trattoria. Sehr gute toskanische Küche und nicht übertrieben teuer. *Tgl.* | *Via Sant'Agostino 23r* | *Tel. 0 55 28 19 95* | *santagostinofirenze. com* | *Oltrarno* | ℍ *E6*

DA GIORGIO 🍴

Kurioses Ambiente und angenehme Preise, das Mittagsmenu bekommt man für 13 Euro, abends kostet es dann 2 Euro mehr! Wasser und ein Viertelliter Wein sind inbegriffen. Keine Reservierung möglich. *Mo–Sa* | *Via Palazzuolo 100r* | *trattoriadagiorgio.it* | *Santa Maria Novella* | ℍ *E4*

I FRATELLINI

Sehr gute *panini* und über 140 Jahre Erfahrung mit den Brötchen, aber etwas versteckt (hinter dem Museo di Orsanmichele) und daher nicht so voll. *Tgl. | Via dei Cimatori 38r | idue fratellini.it |* San Giovanni | 📖 F5

ANTICO VINAIO

Schnell, günstig, nett und superlecker: Lasst euch euer *panino* oder – besser! – eure *schiacciata* individuell belegen. *Tgl. | Via Dei Neri 65r | allantico vinaio.com |* Santa Croce | 📖 G5

L'ANTICO TRIPPAIO 🚩

Für mutige Esser! Innereien sind eine absolute Spezialität in Florenz. Sehr gute *trippa* (Magen) und *lampredotto* (zarterer Magen) bekommt ihr sehr günstig. *Tgl. | Piazza dei Cimatori | lanticotrippaio.com |* San Giovanni | 📖 E5

SABATINO 🚩

INSIDER-TIPP
Mal so gar nicht stylish

Nichts für das erste Date! Hier sitzt man mit anderen zusammen an langen Tischen mit Plastiktischdecke. Serviert wird einfache Hausmannskost wie bei Oma. Die arbeitet übrigens auch mit – so wie die ganze Familie. Günstig, urig und vor allem urflorentinisch. Seit 1956. *Mo–Fr | Via Pisana 2r | Tel. 055225955 | trattoriasabatino.it |* Oltarno | 📖 D5

PIZZERIEN

'O MUNACIELLO

In einer tristen Straße hinter einer kahlen Wand verbirgt sich eine der besten Pizzerien der Stadt. Drinnen wartet ein wilder Stilmix und dazu ausgezeichnete neapolitanische Pizza. *Tgl. | Via Mafia 31r | Tel. 0552871 89 | munaciello.com |* Oltrarno | 📖 F6

BERBERÈ

Pizza mal anders. Vollkorn, Dinkel, Einkorn. Biologische Zutaten. Gleich zweimal in Florenz. *Tgl. | Piazza de Nerli 1* (📖 D5) *|* Oltrarno *und Via dei Benci 7* (📖 G5) *|* Santa Croce *| berberepizza.it*

Auch wenn manchmal Touristen die Fiaschetteria erobern – bei Mario bleibt's authentisch

SHOPPEN & STÖBERN

Von Luxusgeschäften bis zu rustikalen Märkten – Florenz bietet für jeden Geldbeutel und Geschmack Etwas Einzigartiges.

Shopping 24/7! Nicht ganz, aber täglich 10–19.30 Uhr könnt ihr im Stadtzentrum euer ganzes Vermögen vershoppen. Gucci, Celine, Prada – alles zu finden zwischen Via della Vigna Vecchia, Via Torna-buoni und Via Strozzi. Aber man kann sich da auch nur inspirieren lassen und dann doch bei Zara einkaufen oder die ersehnte Gucci-Tasche in einem der vielen wirklich gut sortierten Vintage-Läden holen. Die Zeiten für Schnäppchen sind Januar/Februar und

Edelläden in der Via Tornabuoni

Juli/August, da ist Ausverkauf *(saldi).* Nur Vorsicht beim Anprobieren: Passt du plötzlich nicht mehr in Größe 38? Keine Panik. In Italien muss man immer zwei Nummern dazurechnen! Wer Schmuck liebt, geht durchs Gedränge Richtung Ponte Vecchio, Antiquitätenfans auf die andere Arno-Seite. In Oltrarno sitzen überall Antiquitätenhändler, und dazwischen sind nette kleine Läden, wo Rumstöbern Spaß macht. Die Florentiner selbst kaufen gern außerhalb des Zentrums, doch hier sind die Läden meist nur Mo–Sa 9–13 und 15.30–19.30 Uhr geöffnet – Mitte August sogar oft ganz geschlossen.

WO FLORENZ SHOPPT

SAN JACOPINO

Firenze Porta
al Prato

Viale Belfiore

Via Cittadella

Via Luigi Alamanni

Viale Fratelli Rosselli

Via della Scala

Via Il Prato

Giardino
Corsini

Parco delle
Cascine

Via Solferino

Via della Scala

SANTA MARIA
NOVELLA

Arno

MARCO POLO HIGHLIGHTS

⭐ **LE PIETRE NELL'ARTE**
Intarsien wie aus dem 16. Jh. ➤ S. 86

⭐ **SBIGOLI TERRECOTTE**
Alles aus Keramik. ➤ S. 86

⭐ **IL BISONTE**
Großes und Kleines aus feinstem Leder.
➤ S. 87

⭐ **MERCATO CENTRALE**
Das Eldorado für kulinarische Genießer.
➤ S. 78, 88

⭐ **MERCATO SAN LORENZO**
Kleidung und mehr. ➤ S. 88

⭐ **ANTICO SETIFICIO FIORENTINO**
Handgewebte Seide nach historischen
Mustern. ➤ S. 91

⭐ **LORETTA CAPONI**
Noble Wäsche – auch für die Kleinen.
➤ S. 91

Lungarno Amerigo Vespucci

Lungarno Santa Rosa

📍 **Antico Setificio Fiorentino** ⭐

Borgo San Frediano

Pescaia Di
Santa Rosa

VIA MAGGIO/SAN FREDIANO/SANTO SPIRITO

Im Reich der
Kunsthandwerker und
Antiquitätenhändler

Viale Francesco Petrarca

Via dei Serragli

Giardino
Torrigiani

Fortezza da Basso

Viale Spartaco Lavagnini

Via Venezia

Via Pier Antonio Micheli

Via della Fortezza

Via Ventisette Aprile

Via Santa Reparata

Giardino dei Semplici

Via Vallonda

SAN LORENZO
Typisch Italienisches zu Schnäppchenpreisen

Via Nazionale

Via Guelfa

Via Camillo Cavour

Firenze S. M. Novella

Mercato Centrale ★ 📍

📍 Mercato San Lorenzo ★

Via degli Alfani

Stazione Nazionale

Piazza Di S an Lorenzo

Piazza della Stazione

Cappelle Medicee

📍 Le Pietre nell'Arte ★

Via dei Pucci

Via dei Servi

Piazza Santa Maria Novella

SAN GIOVANNI

Via dei Banchi

Cerretani

Piazza Santa Maria Novella

Piazza del Duomo

Via del Proconsolo

Via dei Fossi

📍 Loretta Caponi ★

Vecchietti

Proconsolo

Sbigoli Terrecotte ★ 📍

Piazza della Repubblica

Via degli Strozzi

📍 Il Bisonte ★

Clarks

Orsanmichele

VIA ROMA/ VIA CALZAIOLI
Die Haupt-shoppingstraßen von Florenz

Condotta

Lungarno degli Acciaioli

Piazza della Signoria

Coverelli

VIA TORNABUONI
Für den dicken Geldbeutel – von Armani bis Zelda

Via Maggio

Via dei Benci

Lungarno delle Grazie

Lungarno Torrigiani

OLTRARNO

Lungarno Serristori

Giardino di Boboli

Giardino Bardini

200 m
218 yd

DELIKATESSEN

BOTTEGA DELL'OLIO

Die besten Olivenöle und alles, was sich aus Oliven herstellen lässt. *Piazza del Limbo 2/Borgo SS. Apostoli | la bottegadelloliofirenze.it | San Giovanni | F5*

PEGNA

Seit 1860 existiert das Delikatessengeschäft nahe dem Dom. Mittlerweile ist es ein Supermarkt für Spezialitäten. *Via dello Studio 8 | pegna.it | San Giovanni | F5*

VENCHI

Ein Fest für Augen und Gaumen: feinste Qualitätsschokolade seit 1878 in Form von Pralinen, Tafeln, bestem Eis etc. *venchi.com | Via Calimaruzza 18 | San Giovanni | (F5), auch Via Calzaiuoli 65 | San Giovanni | (F5)*

WOHIN ZUERST?

Piazza della Repubblica *(F5):* Die Schnittstelle für Shopper: Wenn ihr sehen wollt, was die Haute Couture zu bieten hat, flaniert einfach durch das Luxus-Shoppingdreieck Via della Vigna Vecchia/Via Tornabuoni/Via Strozzi. Von Armani, Bulgari, Cavalli bis Zegna: Hier wird das Abc der Mode durchbuchstabiert. Und wer sich in die kleinen Nebengassen verirrt, kann leicht auch ein Schnäppchen machen. Elektrobus C1 und C2, Bus 6 und 11, Tramvia T1; Parkmöglichkeit: Stazione Santa Maria Novella.

MUSEO BOTTEGA ANTONIO MATTEI

Die berühmten *cantuccini*, die man in Vin Santo tunken kann, kommen ursprünglich aus Prato nahe Florenz. Seit 2018 eröffnete der Familienbetrieb auch in Florenz ein winziges Museum über den Familienbetrieb mit Verkaufsladen. Hier gibt es neben anderen Leckereien die wahren *cantuccini*. Perfektes Mitbringsel. *Via Porta Rossa 76r | antoniomattei.it | San Giovanni | F5*

INSIDER-TIPP
Kekse aus Prato – das Original!

EATALY

Aus jeder Region des Stiefels die besten Gaumenfreuden, Bücher zum Thema und sogar Kochkurse. *Via Martelli 22r | firenze.eataly.it | San Giovanni | F4*

ORONERO

Sicher, Italien ist das Land des Kaffees, aber im kleinen Teelädchen Oronero an der Ecke gegenüber von Palazzo Pitti findet man nicht nur die besten Teesorten. Die beiden Schwestern Elisa und Lucia beraten euch auch gern, um euren persönlichen Geschmack zu treffen. Mitbringsel kaufen oder einfach mit dem Teebecher auf der Piazza de'Pitti sitzen. Außerdem leckerste Kekse und Schokolade! *Piazza de'Pitti 1r | Di–Sa 10.15–19.30, Mo 14.30–19.30 Uhr | oronero-firenze.blogspot.com | Oltrarno | F6*

WEIN

Folgende Geschäfte haben eine große Auswahl an guten toskanischen Weinen: *Enoteca Alessi (Via delle*

In der Officina Profumo-Farmaceutica gab es nie was anderes als Naturkosmetik

Oche 27r | enotecaalessi.com | *San Giovanni* | ⚏ *F5)*, Enoteca Bonatti (Via Gioberti 68r | enotecabonatti.it | *Campo di Marte* | ⚏ *J5)*, Enoteca Fiorentina (Borgo Ognissanti 25r | enotecafiorentina.it | *Santa Maria Novella* | ⚏ *E5).*

FLORENTINISCHES & KURIOSES

ALBERTO COZZI 🏴

Seit 1908 wird Handwerk in diesem bunten Laden großgeschrieben. Hier gibt's feinste, in Leder gebundene Alben und Notizbücher (gern mit den gewünschten Initialen), das typische Florentiner Papier sowie viele besondere Schreibwaren. Wenn immer Riccardo Zeit dafür findet, marmoriert er das Papier selbst – ein wahres Erlebnis,

ihm dabei zuzusehen. *Via del Parione 35r | riccardoluci.com | Santa Maria Novella | ⚏ E–F5*

OFFICINA PROFUMO-FARMACEUTICA DI SANTA MARIA NOVELLA 🏴

Schon beim Eintreten Kräuterdüfte der Toskana. 1221 wurde die ehemalige Klosterapotheke von Dominikanern gegründet; heute erhält man in den ehrwürdigen Räumen Parfums wie das seit Jahrhunderten hier destillierte *acqua di rose,* Seifen und Potpourris – alles aus natürlichen Kräutern und Lipiden. Mit kleinem Museum. *Via della Scala 16 | smnovella.com | Santa Maria Novella | ⚏ E4*

INSIDER-TIPP
Betörende Düfte

LORENZO VILLANI

Er wird auch „die Nase" genannt. In der antiken Villa des Pioniers der italienischen Parfümerie Lorenzo Villani findet ihr seine Boutique. Angeschlossen ist das *Museum der Düfte (Mo–Sa 10–12 Uhr). Via de'Bardi 12 | loren zovilloresi.it* | *Oltrarno* | ⊞ *F6*

LE PIETRE NELL'ARTE ★

Erst wenn man den *artigiani* eine Weile über die Schulter schaut, während sie mit unendlicher Geduld zeigen, wie sie Halbedelsteine in Intarsientechnik zu ganzen Bildern fügen, wird einem der Wert dieser wenig bekannten Kunst klar, die seit dem 16. Jh. von Vater zu Sohn überliefert wird. So entstehen wahre Kunstwerke – seien es Broschen, Schmuckdosen oder große Tischplatten. *Via Ricasoli 59r | scarpelli mosaici.it* | *San Giovanni* | ⊞ *G4*

SBIGOLI TERRECOTTE ★

Vom bemalten Eierbecher über den hübsch glasierten Wasserkrug bis hin zu den großen, handgearbeiteten Terrakottavasen aus Impruneta ist hier alles erhältlich. *Via Sant'Egidio 4r | sbi goliterrecotte.it* | *San Giovanni* | ⊞ *G5*

MUSIK

TWISTED JAZZ SHOP

An diesem kleinen Musikladen bleibt man schon im Vorbeigehen hängen. Eine schön gestaltete Vitrine mit Platten, CDs und dem Hund des Besitzers, der da sein festes Plätzchen hat. Den freundlichen Besitzer Stefano selbst findet ihr normalerweise drinnen in seiner Ecke. Er ist ein echter Jazz- und Musikfan, das zeigt sich auch in seiner Musikauswahl: Jazz, aber auch Blues, Classic Rock und ein paar ausgesuchte aktuelle Bands. *Borgo San Frediano 21r | Facebook: Twisted Jazz Shop* | *Oltrarno* | ⊞ *E5*

KUNST, GALERIEN & CO.

CLET STUDIO

Man geht durch die Stadt und plötzlich fallen sie einem auf: die Straßenschilder, denn die meisten von ihnen wurden in den letzten Jahren vom französischen Straßenkünstler Clet Abraham abgewandelt. Was zunächst von der Polizei geahndet wurde, ist heute zu einem alternativen Wahrzeichen der Stadt geworden. Erfolg hat Clet auch längst bei Touristen. In seinem Atelier in San Niccoló kann man Aufkleber, T-Shirts und vieles mehr mit seinen Kunstwerken kaufen. *Via dell'Olmo 8* | *Oltrarno* | ⊞ *G6*

INSIDER-TIPP

Straßen- schilder als Souvenir

IL TAMARINO

Originalradierungen in limitierter Auflage, Francesco kreiert auch auf Bestellung nach eurem Lieblingsmotiv. *Via del Moro 46r | iltamarino.com* | *Santa Maria Novella* | ⊞ *E5*

TORNABUONI ARTE

Im neuen Sitz der renommierten Kunstgalerie werden regelmäßig Ausstellungen überwiegend italienischer Künstler des 20. Jhs. organisiert. Der perfekte Ort für Sammler und Liebhaber moderner und zeitgenössischer Kunst. *Lungarno Benvenuto Cellini 3* |

tornabuoniarte.it | *Oltrarno* | ⮕ *H6*

ZECCHI
Alles für Künstler und Restauratoren. Ein Laden, in dem du genau die Materialien findest, die bereits die Renaissancekünstler verwendet haben. *Via dello Studio 19r* | *zecchi.it* | *San Giovanni* | ⮕ *F5*

BUCHHANDLUNGEN

LA FELTRINELLI LIBRERIE
Nicht genügend Lesestoff mit in den Urlaub genommen? In den Feltrinelli-Filialen gibt es deutsche, französische und englische Bücher. *lafeltrinelli.it* | *Piazza della Stazione 14* | *Santa Maria Novella* | (⮕ *E4*); *Via dei Cerretani 40* | *San Giovanni* | (⮕ *F5*) *sowie Feltrinelli RED (Piazza della Repubblicca 26–29* | *San Giovanni* | (⮕ *F5*)

PAPERBACK EXCHANGE
Angloamerikanischer Bookshop mit gemütlicher Atmosphäre zum Stöbern und guter Auswahl seit 1979. *Via delle Oche 4r* | *San Giovanni* | ⮕ *G5*

GOZZINI
Ein kleines, gepflegtes Antiquariat mit Raritäten und viel Atmosphäre. *Via Ricasoli 49* | *gozzini.com* | *San Giovanni* | ⮕ *F4*

LEDERWAREN

SCUOLA DEL CUOIO 🚩
Weltberühmte Lederschule, in der es Lederwaren vom Feinsten gibt: Taschen, Schmuckschatullen oder Portemonnaies, die ihr gleich mit euren

Initialen oder Namen in Goldprägung versehen lassen könnt. *Via San Giuseppe 5r* | *leatherschool.biz* | *Santa Croce* | ⮕ *G5*

IL BISONTE ⭐
Braucht ihr vielleicht einen neuen Koffer für die Heimreise oder eine Handtasche – oder tut's auch ein schönes Portemonnaie? Hier bekommt ihr elegante Lederwaren aus überwiegend naturgegerbtem Rind- und Büffelleder. *Via del Parione 31r* | *ilbisonte.net* | *Santa Maria Novella* | ⮕ *E5*

Feinstes Leder, innovatives Design: Scuola del Cuoio

Frische ist im Mercato Centrale oberstes Gebot, ob bei Blumen oder in der Foodmeile

MARTELLI

Handgefertigte Handschuhe in verschiedensten Modellen und Farben. *Via Por Santa Maria 18r* | *martelli gloves.it* | San Giovanni | F5

PELLETTERIA ARTIGIANA VIVIANI

Seit drei Generationen fertigt die Familie Viviani Lederwaren an. Jedes Stück ist handgemacht. Du kannst hier Viviana und ihrem Sohn Leonardo in der Werkstatt bei der Arbeit zusehen. *Via Guelfa 3a* | *pelletteriaartigiana. com* | San Giovanni | F4

MÄRKTE

MERCATO CENTRALE ⭐ ☂

Wer es liebt, durch Lebensmittelmärkte zu schlendern, ist hier absolut richtig. Die 1784 errichtete Markthalle ist ein Eldorado für kulinarische Genie-ßer. Im ersten Stock, direkt über der Halle, lockt eine riesige Restaurantabteilung, wo man beim Kochen zuschauen und sich mit Gerichten von verschiedenen Ständen sein eigenes Menü zusammenstellen kann. Und wenn man mal außerhalb der üblichen Restaurantzeiten hungrig ist? Kein Problem. Hier bekommt man immer etwas. *Tgl. 8–24 Uhr* | *Via dell'Ariento 10–14* | *Piazza del Mercato Centrale* | San Giovanni | F4

INSIDER-TIPP
Satt werden zu unmöglichen Zeiten

MERCATO SAN LORENZO ⭐ 👜

Lederwaren, Tücher, Keramik, Fußball-T-Shirts und mehr gibt's auf dem großen und recht touristischen Markt entlang der Kirche San Lorenzo und der anschließenden Via dell'Ariento. Perfekt, um nach Mitbringseln zu suchen. *Di–Sa 8–19 Uhr | Piazza San Lo-renzo | San Giovanni | ⊞ F4*

CASCINE ☺

Der Wurststand gleich neben den Billigklamotten, daneben die Kruschtelecke, Öl hinter der Unterwäsche … das ist der Wochenmarkt im *Parco delle Cascine*. Nicht wirklich schön, aber ein Stück authentischer italienischer Alltag. *Jeden Dienstagvormittag | von der Porta al Prato bis Novoli | Rifredi | ⊞ A–C 3–4*

MERCATO DEL PORCELLINO

Lederwaren, Krawatten, Tücher und Souvenirs in der *Loggia del Mercato Nuovo* direkt beim bronzenen *porcellino,* dessen Schnauze vom vielen Streicheln schon ganz blank ist. Der Legende nach kehrt man nach Florenz zurück, wenn man eine Münze auf seine Zunge legt und diese dann direkt in den Brunnen fällt. *Di–Sa 9–18.30 Uhr | Via Por Santa Maria | San Giovanni | ⊞ F5*

MERCATO SANTO SPIRITO ☺

Oft ist Markt auf der Piazza Santo Spirito, aber für Spürnasen und Schnäppchensucher ist der Flohmarkt besonders reizvoll, der hier jeden zweiten Sonntag des Monats *(9.30–17 Uhr)* abgehalten wird. *Piazza Santo Spirito | Oltrarno | ⊞ E6*

MERCATO DI SANT'AMBROGIO

Wollt ihr Florenz' authentischsten Markt erkunden? Kaum ein Tourist ist zu sehen, die Kunden kennen die Händler beim Namen, man tauscht Rezepte aus und kommt am nächsten Tag wieder. *Mo–Sa 7–14, Mi/Do bis 19.30 Uhr | Piazza Ghiberti | Santa Croce | ⊞ H5*

MODE

BJORK

Zurück aus London hat Filippo frischen Wind ins alte Florenz gebracht, mit klaren Linien und zeitgenössischer Mode. Kleiner Laden mit einer guten Mischung aus internationalen und lokalen Labels und einer ungwöhnlichen Auswahl an Design-/Mode-/Fotografiezeitschriften. *Via dello Sprone 25r | Oltrarno | ⊞ F6*

MELROSE VINTAGE

Der Boden knarzt, die Vintage-Luft kann man im wahrsten Sinn des Wortes atmen und riechen, aber der Laden ist cool, die Auswahl auch. Die Filiale hinterm Bahnhof *(Largo Fratelli Alinari 8 | Santa Maria Novella | ⊞ F4)* ist etwas miefig, aber für echte Stöberer auf jeden Fall interessant. *Via de'Ginori 18r | melrosevintage.business.site | San Giovanni | ⊞ F4*

SOCIETÉ ANONYME

Ein Ausstellungsraum für Mode. Hell, modern, stylish. Man kann die Liebe zu Kunst, Mode und Design spüren. Besitzer und Modedesigner Massimiliano Giannelli ist Florentiner, aber neben seinem eigenen Label findet man hier auch einige gut sortierte internationale Marken. Jetzt auch als *Societé Anonyme Deux (Via Maggio 60r | Oltrarno | (⊞ E6)). Via Niccolini 3f | societeanonyme.it | Campo di Marte | ⊞ H5*

EMILIO PUCCI

Florenz ist Sitz des Stammhauses der Modedynastie Pucci. Die exzentrischen, knallbunten Stoffe des Florentiner Designers sind unverwechselbar. Reinschauen kostet nichts! *Via Tornabuoni 20/22r | emiliopucci.com | San Giovanni | F5*

ERMENEGILDO ZEGNA

Der Herrenausstatter mit Anzügen und Accessoires für den modebewussten Mann mit etwas Geld in der Tasche. *Via dei Tornabuoni 3 | zegna.it | San Giovanni | F5*

LUISA VIA ROMA

Der Modetempel: exklusive Boutique auf zwei Etagen mit den neuesten Modellen – nicht nur italienischer Designer. *Via Roma 19–21r | luisaviaroma. com | San Giovanni | F5*

EPOCA VINTAGE

Das ist nicht irgendein Secondhand-Ramschladen, hier findet ihr ausgesuchte Vintage-Schätze zu fairen Preisen. Von der Designertasche bis zur No-Name-Jeansjacke. Service ist allerdings Glückssache. *Via dei Fossi 6r | epocavintage.it | Santa Maria Novella | E5*

INSIDER-TIPP
Gucci & Co. mal erschwinglich

THE MALL

Der schwarze Bus fährt euch direkt zu den großen Labels, zu Gucci, Dolce & Gabbana, Fendi, Valentino & Co. Für 13 Euro kommt man fast stündlich vom Busbahnhof Santa Maria Novella *(Via Santa Caterina da Siena 17)* zu diesem High-Fashion-Outlet. *Tgl. | Via Europa 8 | Leccio/Reggello | themall.it | außerhalb | 0*

BARBERINO DESIGNER OUTLET

Ein richtiges Modedorf mit über 90 internationalen Markent. Mehrmals täglich *(9.30, 11.30, 14 und 16 Uhr)* könnt ihr euch für 13 Euro von der Fortezza da Basso *(Viale Strozzi|Piazzale Montelungo)* dorthin shutteln lassen. *Tgl. | Via Antonio Meucci | Barberino | mcarthurglen.it/barberino| außerhalb | 0*

SCHUHE

MARIO BEMER

In Mario Bemers Werkstatt blitzen die maßgefertigten Männerschuhe in vielen Farben. Seine Luxusmodelle konzipiert und entwirft er hier und freut sich, wenn man ihm bei der Fertigung zusieht. Nicht für jeden Geldbeutel, aber so einen Schuh zieht man nie wieder aus. *Via Maggio 68 | mariobemer.com | Oltrarno | E6*

OTISOPSE ❤

Beratung dürft ihr hier nicht erwarten, aber Schuhe „made in Italy" und gar nicht teuer! Alle Klassiker sind im Sortiment, gute Auswahl vor allem für Männer, aber auch viele – vor allem flache – Schuhe für Frauen. *Piazza Nazario Sauro 7r | otisopse.com | Oltrarno | E5*

SALVATORE FERRAGAMO

Der „König der Schuhmacher" verstarb bereits 1960, doch der Ruhm der Marke ist geblieben. In dem riesigen

Der Palazzo Vecchio als Kulisse: Open-Air-Modenschau von Salvatore Ferragamo

Ferragamo-Familienpalazzo gibt es Damenschuhe, Kleider, Accessoires, und für das *Museo Salvatore Ferragamo* (s. S. 51) ist auch noch Platz. *Via Tornabuoni 4r* | *salvatoreferragamo.it* | San Giovanni | 🗺 F5

WÄSCHE

ALIDA FERRINI
Bett- und Tischwäsche, Nachthemden und vieles mehr. Klingt altmodisch? Ist es auch, aber so ein Betttuch kann es bis in Pariser Schlafzimmer schaffen oder in die Suite reicher Weltbürger, macht sich aber auch gut in einem gewöhnlichen Zuhause. *Borgo San Jacopo 19r* | *alidaferrinifirenze.it* | Oltrarno | 🗺 F6

LORETTA CAPONI ⭐
Von der einfachen Stickerin zur High-Society-Ausstatterin! Mit neun begann Loretta zu sticken, später stickte sie dann für Lady Diana, die Kennedys oder auch mal für die Rockefellers, und bis heute werden die Florentiner Upper Class und Königshäuser im feinen Renaissancepalast beraten. Vielleicht wollt ihr auch mal vorbeischauen? *Piazza Antinori 4r* | *lorettacaponi. com* | Santa Maria Novella | 🗺 F5

STOFFE

ANTICO SETIFICIO FIORENTINO ⭐ ☂
Alessandro Pucci hat im Viertel San Frediano eine Seidenweberei aus dem 18. Jh. wieder zum Leben erweckt und webt und verkauft hier herrliche Stoffe nach antiken Mustern. Nicht unbedingt billig, aber bestimmt das Höchste an Exklusivität! *Via Bartolini 4* | *anticosetificiofiorentino.com* | Oltrarno | 🗺 D5

CASA DEI TESSUTI

Die größte Auswahl an Haute-Couture-Textilien in Florenz. Die Modelle werden auf Wunsch per Beamer vorgeführt und anschließend nur für euch genäht. Rund 2000 Stoffe sind ständig im Lager vorrätig. *Via dei Pecori 20–24r | casadeitessuti.com | San Giovanni | ⧉ F5*

SCHMUCK, UHREN & BRILLEN

ALESSANDRO DARI

Es wirkt fast etwas dark, wenn man reinkommt. Im Hintergrund spielt mystische Musik. Oft werkelt der Künstler still in einer Ecke. Zum Beispiel an sehr besonderen Ringen, wie man sie sonst nie sieht: Ganze Burgen oder Köpfe erheben sich darauf. Der Besuch dieses Schmuckateliers ist wie ein Abstecher in eine Phantasiewelt. *Via di San Niccoló 115r | alessandrodari.com | Oltrarno | ⧉ G6*

I VISIONARI

Sind nicht einfach nur Brillenverkäufer, sondern „Visionäre". Die Geschwister Elena und Emiliano Lenzi bieten in ihrem kleinen Laden moderne und extravagante Brillen, Sonnenbrillen und Accessoires an. Die ganz großen Marken findet man bei ihnen nicht, aber dafür Einzelstücke der kreativsten internationalen Designer der Branche. *Piazza Nazario Sauro 14 | ivisionari.com | Oltrarno | ⧉ E5*

ENRICO VERITÀ

In Italien gibt es nur noch acht traditionelle Uhrmacher. Bei diesem hat man das Gefühl, eine Reise in die Vergangenheit zu machen. Auch Reparaturen. *Via de' Calzaiuoli 122r | San Giovanni | ⧉ F5*

Blicke kosten nichts: Die Juwelierläden auf dem Ponte Vecchio sind hochkarätig bestückt

GLAS, PORZELLAN

ARMANDO POGGI

Poggi gehört zu den alteingesessenen Firmen, die alles bieten, was man für einen schön gedeckten Tisch braucht. *Via dei Calzaiuoli 103r/116r | apoggi. com | San Giovanni | ⌖ F5*

MOLERIA LOCCHI

Eine einzigartige Glasschleiferei mit einer 200-jährigen Tradition, die jedes Stück nicht nur restaurieren, sondern auch perfekt nachbilden kann. Die Inhaberin Paola Locchi berät dich gern – ihre Ideen sind einzigartig. *Via Burchiello 10 | locchi.com | Oltrarno | ⌖ D5*

RICHARD GINORI

Seit 1735 der König des italienischen Porzellans, jedes Teil von Hand hergestellt. Guter, preisgünstiger Lagerverkauf in Seste Fiorentino. *richardginori1735.com | Via dei Rondinelli 17r | San Giovanni | ⌖ F4; Lagerverkauf Viale Giulio Cesare 19 | außerhalb | (⌖ D5)*

ANTIQUITÄTEN

CASA WOLF

Die Liebe zur Kunst liegt in der Familie. Neurochirurg Renato Conti hat das Geschäft eröffnet, Sohn Duccio (Designer und Architekt) führt es stilsicher weiter. Antiquitäten und Neuinterpretationen werden in offenen Räumen verkauft, entworfen und gestaltet, auch Duccios eigene Objekte sind dabei. Wenn ihr gerade mit dem Umzugswagen da seid, könnt ihr gleich was einpacken, ansonsten einfach inspirieren lassen! *Borgo San Frediano 151r | casawolf.it | Oltrarno | ⌖ E5*

ATELIER MELISSA GENTILE

Mehrere Geschäfte rund um den schönen Innenhof des Palazzo Fossombroni. *Sa geschl. | Via dei Fossi 7b/r | Santa Maria Novella | ⌖ E5*

MARMOR

RAFFAELLO ROMANELLI

Michelangelos David für den eigenen Garten? Für schlappe 140 000 Euro dürft ihr ihn einpacken. Aber auch Erschwinglicheres (ab 4 Euro) in Marmor und Stein ist hier zu haben. *Borgo San Frediano 70 | raffaelloromanelli. com | Oltrarno | ⌖ D5*

KAUFHÄUSER

LA RINASCENTE

Ein echtes Shoppingparadies, von der Parfümerieabteilung bis zu Designerklamotten. Wenn ihr bis zur gut bestückten Haushaltsabteilung im vierten Stock fahrt und dann rechts eine kleine Treppe erklimmt, könnt ihr bei einem Cappuccino von der ⚑ Dachterrasse einen wunderbaren Blick auf die Stadt genießen. *Mo–Sa 10–21, So 10.30–20 Uhr | Piazza della Repubblica | larinascente.it | San Giovanni | ⌖ F5*

COIN

Gehobenes Shop-in-Shop-Kaufhaus. Gute Strumpfabteilung und, in Italien selten, Übergrößen. Im Untergeschoss allerlei Dekoratives für die Wohnung. *Tgl. 10–20 Uhr | Via dei Calzaiuoli 56 | coin.it | San Giovanni | ⌖ F5*

AUSGEHEN & FEIERN

Die Sonne über dem Ponte Vecchio untergehen sehen, in kleinen Weinlokalen versacken, durch die nächtlichen Straßen und Gassen der Innenstadt bummeln, in Florenz' coolstem Viertel San Frediano in Bars und auf Plätzen die Nächte verbringen, Open-Air-Konzerte, Theater, Oper ...

Viele nette oder trendige Bars und Jazzlokale liegen im Zentrum, die meisten Diskos aber findest du eher am Stadtrand. Auch die Florentiner Theater-, Kino- und Opernlandschaft ist besonders lebendig. Im Odeon und in der Compagnia werden Kinofilme meist in Origi-

Warten auf den Sonnenuntergang vor San Miniato al Monte

nalsprache mit Untertiteln gezeigt. Die rund 200 Theateraufführungen im Jahr sind häufig Gastspiele und ein perfekter Querschnitt der Theaterproduktion aller italienischen Bühnen. Kartenvorverkauf: *Box Office (Via delle Vecchie Carceri 1 | Tel. 05 52 10 804 | boxoffice toscana.it)*

Und wer Klassik mag: 2014 eröffnete das neue Opernhaus Teatro del Maggio Musicale di Firenze. Erlebe eine magische Florentiner Nacht und lass dich von Verdi, Rossini, Monteverdi etc. im Land der Oper zurück in die Vergangenheit führen.

WO FLORENZ AUSGEHT

Viale Filippo

Fortezza da Basso

Tenax ★

SAN JACOPINO

Opera di Firenze ★

Firenze Porta
al Prato

Via delle Porte Nuove

Viale Belfiore

Via Cittadella

Via Luigi Alamanni

Firenze S. M.
Novella

Via Valfonda

Viale Fratelli Rosselli

Via della Scala

Piazza della Stazione

Giardino
Corsini

Via Solferino

Via il Prato

Via della Scala

**SANTA MARIA
NOVELLA**

Piazza
Santa
Maria
Novella

Arno

Lungarno Santa Rosa

Lungarno Amerigo Vespucci

Via dei Fossi

Via Pisana

**BORGO SAN FREDIANO/
VIA SANTO SPIRITO**

Arno

Piazza Sauro

Gosh* ★

Coverelli

**Urige Lokale
zwischen
neuen coolen Bars**

Viale Aleardo Aleardi

Sant'Agostino

Via Maggio

Via della Chiesa

Via di Bellosguardo

Giardino
Torrigiani

Viale Francesco Petrarca

Via dei Serragli

Santo Spirito

**PIAZZA
SANTO SPIRITO**

**Pralles Leben
vor sakraler
Kulisse**

Giardino
di Boboli

200 m
218 yd

MARCO POLO HIGHLIGHTS

★ **LA MÉNAGÈRE**
Bistrorestaurant, Café, Designstore, Blumenladen und Cocktailbar in einem.
➤ S. 100

★ **GOSH***
Die etwas andere Bar: super Cocktails und stylishes Flair. ➤ S. 98

★ **OTEL**
Beliebtes Ziel der Florentiner Diskofans.
➤ S. 102

★ **DACHTERRASSEN**
Nehmt euren Aperitif über den Dächern von Florenz. ➤ S. 103

★ **TENAX**
Hier legen internationale Top-DJs Musik von Minimal über Techno bis House auf.
➤ S. 102

★ **YAB**
Die In-Disko im Zentrum ist gleichzeitig ein guter Ort für ein Abendessen. ➤ S. 103

★ **OPERA DI FIRENZE**
Haupthaus für die Konzerte, Opern und das Ballett des Maggio Musicale. ➤ S. 105

★ **TEATRO VERDI**
Ein Theater mit sehr jungem und modernem Programm. ➤ S. 105

Immer gut für einen Drink ist der Innenhof des Le Murate Caffè Letterario

BARS & SZENELOKALE

BITTER BAR
Der ideale Ort, um sein Cocktailwissen auszubauen: entspannte Atmosphäre, gute Musik und raffinierte Drinks im Viertel Sant'Ambrogio. *Mo–Sa 21–2 Uhr | Via di Mezzo 28r | bitter barfirenze.it | Santa Croce | ⊞ H5*

GOSH* ⭐
Die Flamingotapete hat schon viele von der Straße hier reingelockt, und wer erst mal drin ist, bleibt. Urbanes Flair, gute Musik, nettes Personal. Im zweiten Raum dann viel Samt und Pflanzentapete. Untypisch für Florenz und sehr stylish. *Di–Do 19–24, Sa/So 19–2 Uhr | Via Santo Spirito 46r | Oltrarno | ⊞ E5*

NOF
Liverock auf der kleinsten Bühne, die je ein Mensch gesehen hat. Der ganze Club ist eher ein nettes Zimmer mit Tresen, aber voll kann es werden, denn fast jeden Abend spielen Livebands. *Mi–Do 18.30–2, Fr/Sa bis 3 Uhr | Borgo San Frediano 17/19r | nofclub.it | Oltrarno | ⊞ E5*

SANTAROSA
Unter Bäumen steht ein Gartenhäuschen in einem kleinen Park direkt hinter der Stadtmauer von San Frediano. Hier lässt es sich aushalten, vor allem im Sommer. Sehr nette, entspannte Atmosphäre – drinnen wie draußen. *Di–Fr 8–24, Sa/So ab 10 Uhr | Lungarno di Santa Rosa | Oltrarno | ⊞ D5*

HANGAR
Ohne Karte kommt man nicht rein! Aber die kostet nur 3 Euro, und dazu gibt's noch ein Täschchen – oder ihr investiert 7 Euro in Karte, Drink und Tasche. Besitzerin Silvia ist nicht auf Profit aus. Man soll sich hier wohlfühlen,

und das tut man auch im alternativ-künstlerischen, leicht orientalischen Ambiente. Abends Livemusik, morgens manchmal auch Meditation, Reikikurse und mehr. *Tgl. 19–1 Uhr | Via dei Pepi 43 | hangarfirenze.com | Santa Croce | ⊞ G5*

LE MURATE CAFFÈ LETTERARIO

Früher saßen hier Verbrecher hinter Gittern, heute ist es ein Ort für Konzerte, DJs, Lesungen, Videoprojektionen und kleine Ausstellungen. Aber natürlich darf man auch einfach nur zum Reden, Trinken und Essen vorbeischauen. Besonders schön ist es draußen im Innenhof. *Tgl. 10.30–1, Sa, So ab 15 Uhr | Piazza delle Murate | le murate.it | Santa Croce | ⊞ H5*

MAYDAY CLUB

Marco, der Mix-Meister, will normalerweise erst mal wissen, was ihr gern trinkt, und dann mischt er wild was zusammen. Aber vertraut ihm einfach, er weiß, was er tut.

INSIDER-TIPP
Schinken – geschüttelt, nicht gerührt

Bio-Pilze, Bacon oder Blumen landen auch mal im Cocktail! Klingt schräg, schmeckt super! Hier werden auch Cocktail-Kurse angeboten, dann könnt ihr das zu Hause nachmixen. *Di–Sa 8–2 Uhr | Via Dante Alighieri 16 | maydayclub.it | San Giovanni | ⊞ F5*

ANTICO CAFFÈ DEL MORO – ART BAR FIRENZE

Cocktails mit frisch gepressten Säften und einem Berg Obst. In dieser kleinen Bar kreiert der nette, weißhaarige Besitzer Paolo jeden Cocktail

sorgfältigst. Das dauert ein bisschen, aber ein gut gemachter Drink braucht eben seine Zeit. Zu jedem gibt's Popcorn und Chips. Beliebt auch zur Happy Hour (19–20 Uhr). *So–Do 19–1 Uhr, Fr/Sa 18.30–2 Uhr | Via del Moro 4 | Santa Maria Novella | ⊞ E5*

MOLO FIRENZE

Das Meer fehlt leider in Florenz, aber ein bisschen Strandatmosphäre bekommt ihr trotzdem! Holzbuden, Streetfood, Musik und Drinks direkt am Arno. Achtung: Nicht überall kann man mit Karte zahlen. *Mitte Mai–Sept. tgl. 18–1 Uhr | Lungarno Cristoforo Colombo 27 | Facebook: Molo Firenze | Coverciano | ⊞ J–K6*

JAZZ CLUB FIRENZE

Ab 23 Uhr strömen die Fans in ihren Jazzclub, dienstags und donnerstags auch zur Jamsession. Von Juni bis September zieht das Lokal 2,5 km nördlich in den Park der *Villa Fabbricotti (⊞ F1) (Di–Sa | Via Vittorio Ema-*

WOHIN ZUERST?

Abends geht's auf die andere Arno-Seite (Oltrarno) in die Viertel **San Frediano** *(⊞ F–G6)* und **Santo Spirito** *(⊞ E–F 5–6)*. Aber auch in den kleinen Gassen um **Santa Croce** *(⊞ G5)* im Westen des Zentrums haben sich coole Bars angesiedelt. Für später gibt's hier einige Diskos und Clubs, die meisten befinden sich jedoch am Stadtrand und sind nur mit Auto oder Taxi erreichbar.

nuele). Di–So ab 23 Uhr | Eintritt mit Clubkarte (tessera) 6 Euro | Via Nuova de' Caccini 3/Borgo Pinti | San Giovanni | ⊞ G4

EASY LIVING/URBAN RIVER BEACH

Perfekt zum Entspannen an einem warmen Abend. <mark>Im Liegestuhl oder barfuß am Strand mit einem Drink, im Hintergrund Musik und vor euch der Arno</mark> – nur baden sollte man besser nicht! Für Sandphobiker: Gleich daneben ist eine Bar im Freien mit richtigen Stühlen und ohne Sand. *Mitte Mai–Sept. tgl. 18–1 Uhr | Piazza Giuseppe Poggi | easylivingfirenze.it | Oltrarno | ⊞ H6*

INSIDER-TIPP
Summer in the City

OFF BAR – LAGO DEI CIGNI

Chillen am See. Die Off Bar ist eine weitere super Sommeradresse. Von 11 bis 1.30 Uhr täglich könnt ihr neben der Fortezza da Basso etwas trinken, essen und abends Konzerten auf der kleinen Bühne zuhören, oder es euch einfach nur wie viele andere auf der großen Wiese gemütlich machen. *Fortezza da Basso | Facebook: Off Bar – Lago dei Cigni | Santa Maria Novella | ⊞ F3*

FLÒ

Livemusik, DJ-Set, Glamour, Aperitif-Buffet und dazu – da auf dem Hügel südlich der Stadt gelegen – ein toller Blick über die ganze Stadt. *Mitte Mai–Sept. tgl. 20–4 Uhr | Piazzale Michelangelo 82 | flofirenze.com | Oltrarno | ⊞ H6*

LOVE CRAFT

Die erste Whiskybar der Stadt. Neu im sogenannten coolsten Viertel der Welt, San Frediano (zumindest wird das behauptet). <mark>Um die 100 feine Whiskeysorten in einer Bar im Stil der 1940er-Jahre.</mark> *18–2 Uhr | Borgo San Frediano 24r | Oltrarno | ⊞ E5*

INSIDER-TIPP
Noch einen bitte!

REX CAFFÈ

American Bar im Überseedampfer mitten in der Stadt: gemütliche Sofaatmosphäre, gute Cocktails, frische Häppchen und nach 22 Uhr DJ-Set oder Livemusik. *Sept.–Mitte Mai tgl. 18–2.30 Uhr | Via Fiesolana 23r | rexfirenze.com | Santa Croce | ⊞ G5*

OSTELLO TASSO

Eigentlich ein Hostel, aber mindestens ein genauso guter Partyort – daher schon ein Geheimtipp. <mark>In dem gemütlichen Saal, der im Wohnzimmer-, Retro- und alternativen Kunststil eingerichtet ist, finden am Wochenende gute Partys und Konzerte statt.</mark> Internationales Publikum. Unbedingt hingehen! Schöner Innenhof, Bar, gute *aperitivi*. *Eintritt mit Karte (10 Euro) unter entro.in/ostellotasso | Via Villani 15 | ostellotassofirenze.it | Oltrarno | ⊞ D6*

INSIDER-TIPP
Im Hostel feiern

LA MÉNAGÈRE ★

Lässig, cool, gemütlich, romantisch, schick. Hier gibt's frühmorgens einen Cappuccino und die Zeitung, mittags ein leckeres *panino* oder einen warmen Snack, später ein verführerisches

Stück Kuchen, zwischendurch werden ein paar Blumen verkauft, dann folgt der Aperitiv oder das Dinner – am Wochenende sogar Livemusik. *Tgl. 7–2 Uhr | Via de' Ginori 8r | lamenagere.it |* ◫ *F4*

CIRCOLO AURORA

In einem Steintürmchen in der alten Stadtmauer ist diese kleine, nette Bar. Man fühlt sich fast wie zu Hause (für einige ist es das zweite Wohnzimmer), manchmal mit etwas lauterem Hintergrund bei Livemusik. Ansonsten ruhige, entspannte Atmosphäre, im Sommer auch draußen. *Piazza Torquato Tasso 1 | circoloaurora.it | Oltrarno | ◫ D6*

EBY'S

Eby, der „König der Shots", sieht aus wie ein Wissenschaftler und ist stadtbekannt. Die Zubereitung der kleinen Drinks gleicht einer Zeremonie, und auch wenn du nicht auf Hochprozentiges stehst, hier solltest du mal einen Shot probieren. Kreative Mischungen und ein kleines Erlebnis! *Di–So 11–3 Uhr | Via dell' Oriuolo 5 | Santa Croce | ◫ G5*

DOME

Unter der Domkuppel Cocktails schlürfen und Livekonzerten zuhören? Leider nicht unter der echten des Doms von Florenz, aber das Dome hat wirklich eine Kuppel. Am frühen Abend gibt's hier Aperitif und besondere Cocktails. Später dann oft Livemusik. *So–Do 19–1, Fr/Sa bis 2 Uhr | Via Il Prato 18r | Santa Maria Novella | ◫ E4*

THE ARTS INN

Extrem nette und gemütliche kleine Weinbar, die gleichzeitig Werke von

Feiern am Piazzale Michelangelo: Im Flò sind die Nächte nie langweilig

Vom Aperitif bis zum Absacker: Zoe

Künstlern ausstellt. Meist ausgewählte, entspannende Musik. Individuell eingerichtet und sehr nette Bedienung. *Di–Do 18–24 Uhr, Fr–So 18–1 Uhr | Via del Porcellana 63r | theartsinn. florence@gmail.com | Santa Maria Novella | ⌐ E4*

VOLUME 🏳

Die Tischlerei des alten Bini wurde zur Kultbar. Im 1970er-Jahre-Ambiente kann man lesen, vorzügliche Crêpes essen, Livemusik genießen oder einfach was trinken. *Mo–Mi 16.30–1, Do–*

So 8.30–1.30 Uhr | Piazza Santo Spirito 5r | volume.fi.it | Oltrarno | ⌐ E6

DISKOTHEKEN

Die Öffnungszeiten können der Jahreszeit entsprechend schwanken. Zur Sicherheitbesser vorher anrufen!

FULL UP

Seit 1958 gibt es diesen Club, und er ist immer noch eine Florentiner Nightlife-Institution. Einer der wenigen Clubs mit Raucherzone. *Do–Sa und Mo ab 23.30 Uhr | Via della Vigna Vecchia 23 | fullupclub.com | Santa Croce | ⌐ G5*

OTEL ⭐

Motto-Events oder Partys in mehreren Areas, kommerziell, aber gut! Abendessen kann man auch gleich noch, aber macht euch besser schick! *Fr–So, Essen ab 20.30, DJ-Set ab 23.20 Uhr | Viale Generale dalla Chiesa 9 | otelvariete.com | Santa Maria Novella | ⌐ 0*

SPACE

Im Herzen der Stadt tanzen in diesem Club hauptsächlich junge Florentiner zu House, Hip-Hop oder auch Happy Music/Revival. Kürzlich modernisiert. *Tgl. ab 22 Uhr | Via Palazzuolo 37 | Santa Maria Novella | ⌐ E4*

TENAX ⭐

In ganz Italien ist das Tenax bekannt. DJs aus New York, London oder Amsterdam legen hier auf, und jede Woche gibt es ein neues Programm. *Fr/Sa ab 23 Uhr | Via Pratese 46 | tenax.org | Rifredi | ⌐ 0*

RED GARTER

Singen, trinken, tanzen. Amerikanisches Nachtleben in Florenz! Die vielen Studenten aus den Staaten prägen das Leben der Stadt. Red Garter ist eine der ersten American Bars Italiens (seit 1962) und vielleicht einer der ausgelassensten Orte.

INSIDER-TIPP
Heute ein kleiner Star

Man kann die schräglauten Karaoke- und Diskoabende mögen oder nicht, aber jeder bekommt hier beim Singen Applaus. *16–4 Uhr | Via dei Benci 33R | redgarter1962.com | Santa Croce | ⌨ G5*

YAB ⭐

Dort tanzen, wo auch die Stars sind? Robert De Niro, Sylvester Stallone, Madonna, David Bowie u. a. waren auch schon hier. Die Wahrscheinlichkeit ist nicht groß, sie gerade an dem von euch gewählten Abend zu treffen. Doch das Yab ist die berühmteste Disko von Florenz! *Mo, Mi, Fr/Sa ab 23.30 Uhr | Via dei Sassetti 5r | yab.it | Santa Maria Novella | ⌨ F5*

KINO

ODEON CINEHALL ☂

Kinofans aufgepasst! In Florenz' sicherlich schönstem Kino mit seiner märchenhaften Innenausstattung aus den 1920er-Jahren und einer phantastischen Kuppel über dem Publikumssaal lassen sich Filme nicht nur genießen, wenn man die italienische Sprache beherrscht. Denn jeden Tag werden hier Filme in Originalsprache gezeigt. Ein Kinoerlebnis, wie man es heutzutage fast nirgendwo mehr ge-

nießen kann. *Piazza Strozzi 2 | Tel. 0 55 29 50 51 | cinehall.it | Santa Maria Novella | ⌨ F5*

DACHTERRASSEN

Die beste Kleidung angezogen, durch die Tür eines der Nobelhotels und dann mit dem Aufzug bis in den letzten Stock. Denn auf den ⭐ *Dachterrassen* vieler Hotels erwartet euch ein wahrlich exklusiver Blick auf Florenz. Auch wenn das Übernachten wohl zu teuer wäre, ein *aperitivo* ist auf jeden Fall drin. Außer dem unglaublichen Blick auf die Stadt gibt es auch noch anderes, was einem die Sprache verschlägt. Einige der großen Hotels servieren nämlich nicht nur Cocktails und Häppchen, manche haben sogar einen Pool – abends beleuchtet! Empfehlenswert: *Se.Sto on Arno, Westin Excelsior (Piazza Ognissanti 3 | sestoon*

APERITIVI

🍸 Gegen 19 Uhr ist *Aperitivo*-Zeit. Das war eigentlich mal so gedacht, dass man sich vor dem richtigen Abendessen einen Drink und gratis dazu ein paar Häppchen genehmigt. Heute bekommt man *(zwischen 19/19.30 und 21/21.30 Uhr)* für ca. 10 Euro ein Getränk und am Buffet so gut wie alles: Pasta, Pizzastückchen, Nudelsalate und mehr. Gute *aperitivi* gibt es im *Tamero* (s. S. 76), im *Kitsch 1 (Viale Gramsci 1–5 | kitschfirenze.com | Santa Croce | ⌨ G3)* oder im *Zoe (Via dei Renai 13 | Oltrarno | ⌨ G6).*

arno.com | Oltrarno | ⊞ E5), Hotel Medici (Via dei Medici 6 | hotelmedici.it | San Giovanni | ⊞ F5), Empireo, Plaza Hotel Lucchesi (Piazza Ognissanti 3 | hotelplazalucchesi.it | Santa Maria Novella | ⊞ H6), Grand Hotel Minerva (Piazza Santa Maria Novella 16 | grand hotelminerva.com | Santa Maria Novella | ⊞ E4) und *Hotel Baglioni (Piazza Unità Italiana 6 | hotelbaglioni.it | Santa Maria Novella | ⊞ F4).*

KONZERTE, THEATER & EVENTS

MANIFATTURA TABACCHI

Auf dem Gelände einer alten Tabakfabrik aus den 1940er-Jahren steht jetzt ein neues Kulturzentrum – cool, urban und für Florenz eher ungewöhnlich. In den früheren Lagerhallen oder im Innenhof finden Konzerte, Ausstellungen, Filmvorführungen und andere Events statt, in riesigen Räumen mit Industriecharakter sind Cafés, Bars und Restaurants untergebracht. Nicht direkt im historischen *centro* gelegen, aber mit der Buslinie 17 kommt man vom Bahnhof in ca. 15 Min. hin, mit den Mobikes in ca. 20 Min. Nachts ist es anzuraten, nicht durch den Parco delle Cascinezu fahren. *Via delle Cascine 33–35 | manifatturatabacchi.com | ⊞ B2*

TEATRO DEL SALE

Theater und gleichzeitig Restaurant und Delikatessenladen: Nachdem man am Eingang für 11 Euro einen Mitgliedsausweis erhalten hat, kann man in diesem angenehmen Ambiente in ledernen Clubsesseln zwischen alten Bücherregalen oder aber vor der offenen Küche brunchen, Mittag essen und abends vom famosen König der Florentiner Küche, Fabio Picchi, persönlich das Essen serviert bekommen (es empfiehlt sich, ab 19 Uhr da zu sein). Manchmal so gut besucht, dass der Platz an den winzigen Tischchen nicht ausreicht, um sein Glas abzustellen.

INSIDER-TIPP

Show beim Essen

Kurz vor 21 Uhr werden die Tische zusammengestellt, die Vorstellung beginnt. Im Internet kann man sich vorher über das Tagesprogramm informieren. Aber auch ohne Show bleibt dir dieser Abend garantiert in Erinnerung. *Di–Sa 9–22.30, So 9–14.30 Uhr | Via dei Macci 111r | Tel. 05 52 00 14 92 | teatrodelsale.com | Santa Croce | ⊞ H5*

EX-STAZIONE LEOPOLDA

Seit Mitte der 1990er-Jahre finden in den riesigen Räumen des ehemaligen Bahnhofs Ausstellungen, Happenings und Performances sowie jedes Jahr im Mai das internationale Theaterfestival statt. *Viale Fratelli Rosselli 5 | stazione-leopolda.com | Rifredi | ⊞ D3–4*

TEATRO DI RIFREDI

Ein Mix aus Musicals und Experimentiertheater, aufgeführt im Vorort Rifredi. *Via Vittorio Emmanuele II 303 | Tel. 05 54 22 03 61 | teatrodirifredi.it | Rifredi | ⊞ 0*

AUDITORIUM FLOG

Viele Livekonzerte, meist Pop und Rock, aber auch Reggae, Hip-Hop und

Das Teatro del Sale kombiniert Koch- und Schauspielkunst

Blues. Do, Fr und Sa Partys mit guten DJs. Faire Eintrittspreise: 5–30 Euro. Im Sommer Open-Air-Kino statt Musik. Einmal monatlich LGBT-Nacht „Necessariamente". *Okt.–Mai | Via Michele Mercati 24b | Tram T1, Haltestelle Poggetto | flog.it |* Rifredi *| ⊞ 0*

OPERA DI FIRENZE ★

Wenn man klassische Musik liebt, sollte man hier einen Abend verbringen. Das Maggio Musicale Fiorentino ist das älteste und renommierteste Musikfestival Italiens, welches jedes Jahr im Frühling stattfindet. Doch auch in den anderen Monaten und außerhalb der Hauptsaison (Jan.–April und Sept.–Dez.) ist das Programm an Konzerten, Opern und Balletten vielfältig. Seit 2014 finden die Aufführungen des *Maggio Musicale Fiorentino (maggiofiorentino.com)* – des ältesten und renommiertesten Musikfestivals Italiens – im neuen avantgardistischen Bau *Nuovo Teatro dell'Opera* statt. Vom angegliederten *Open-Air-Auditorium* hat man einen atemberaubenden Blick auf die ganze Stadt. *Viale Fratelli Rosselli 1 | operadifirenze.it |* Rifredi *| ⊞ D4*

TEATRO VERDI ★

Mitten im Viertel Santa Croce liegt dieses große, alte Logentheater, in dem man sich von allerlei Tönen berauschen lassen kann. Gespielt wird alles von Klassik bis Pop. *Via Ghibellina 99 | Tel. 0 55 21 23 20 | teatroverdifirenze.it, orchestradellatoscana.it |* Santa Croce *| ⊞ G5*

AKTIV & ENTSPANNT

Joggen mit Blick auf den Ponte Vecchio

SPORT, SPASS & WELLNESS

Museumsbesuche, Shopping, Pflastertreten … Wenn man weiß, wo man entspannen kann, ist man wieder fit für neue Entdeckungen.

IN GÄRTEN ENTSPANNEN

Während man im *Giardino di Boboli* (s. S. 58) zwischen Statuen, Nymphen und Grotten schlendern kann, betört im Sommer, wenn die Glyzinienpergola in Blüte steht, der *Giardino Bardini* (s. S. 60) mit seinem Duft der Schwertlilien, Azaleen und Hortensien. Eine wahre Aromatherapie. Im *Giardino delle Rose* (s. S. 60) unterhalb des Piazzale Michelangelo ist es sofort ruhiger, sobald man durch seine kleine Steintür schreitet. Hier wird gelesen, sich gesonnt, und manch einer hält sogar ein Mittagsschläfchen.
Wer sich lieber unter das Florentiner Volk mischen oder ein wenig sportlich betätigen möchte, sollte in den *Parco delle Cascine* (s. S. 62) fahren. Florenz'

großer Stadtpark bietet ausreichend Platz zum Picknicken, Entspannen, Joggen, Rollerblanden und Spazierengehen. Außerdem kann man sich im schönsten öffentlichen Schwimmbad von Florenz, *Le Pavoniere,* abkühlen.

LESEN UND ABHÄNGEN

Oder sich einfach mit einem guten Buch in einem Café ausruhen? Ideal zum längeren Sitzen, ohne dass man das Gefühl hat, gleich den Tisch freimachen zu müssen, sind das *Cité-Libreria Café* (s. S. 70), die *Ditta Artigianale* (s. S. 71) in der Nähe des Ponte Vecchio und der *Urban Garden* (s. S. 71), der wie eine kleine Oase inmitten des Trubels wirkt. Einen schönen Ausblick genießen könnt ihr im Café der *Le Oblate* (s. S. 70) oder auf der Dachterrasse des Kaufhauses *La Rinascente* (s. S. 93).
Entspannt geht es auch in der Buchhandlung *Feltrinelli RED (▢▢ F5) (Piaz-*

Auszeiten im Giardino di Boboli

za della Repubblica 26–29) zu, denn hier kann man in einer großen Auswahl zu den Themen Kunst, Architektur, Design schmökern, aber auch eine Kleinigkeit essen und an Musik- und Kinoevents teilnehmen, denn RED steht für *read, eat, dream*.

MEDITATION

Die Buslinie 7 fährt ab Piazza San Marco nach *Fiesole* (s. S. 125). Das Panorama hier ist einzigartig. Die Kirche sowie das Kloster San Francesco haben eine beruhigende, fast meditative Atmosphäre. Im Sommer ist es hier ein wenig kühler als in Florenz – und in jedem Fall nicht so voll.

Die oberhalb der Stadt gelegene Kirche *San Miniato al Monte* (s. S. 61), von der viele Besucher sagen, sie sei ihre Lieblingskirche, wirkt fast mystisch. Ein besonderer und meditativer Moment: Wenn gegen Abend die gregorianischen Vespergesänge ertönen.

KLETTERN

Im *Parco Avventura Vincigliata* (📖 0) (Via Vincigliata 21 | Fiesole | treeexperience.it) kann sich die ganze Familie von Baum zu Baum hangeln. Die Schwierigkeitsstufen haben Schlangennamen. Mit „Python" kommen schon die Kleinen zurecht, aber Vorsicht bei „Mamba": Das schaffen nur gut trainierte Erwachsene.

INSIDER-TIPP
Python, Cobra, Mamba

SPA, YOGA UND PILATES

Natürlich ist es auch schön, wenn man nach langem Sightseeing in einem Spa die Seele baumeln lassen kann. Der Bus 30A in Richtung Prato bringt euch zur 🌳 *Wellness World Asmana* (📖 0) (Via Salvator Allende 10 | Haltestelle Limite | asmana.it), und im *Radici Yoga* (📖 F3) (Via Guelfa 116 | radiciyoga.com) könnt ihr euren Körper mit Yoga und Pilates (Kurse auf Englisch) fit für den nächsten Tag machen.

FESTE & EVENTS

Geplant oder per Zufall: Während des ganzen Jahrs hat man als Tourist die Möglichkeit, an Veranstaltungen in Florenz teilzunehmen.

Da sind die Volksfeste am Ostersonntag und am Tag des Schutzheiligen (24. Juni), das grandiose Festival del *Maggio Musicale Fiorentino,* die Kunst- oder Antiquitätenbiennale, und und und … Infos für aktuelle Veranstaltungen auch unter *florence isyou.com* oder *theflorentine.net.*

MÄRZ/APRIL
Mariä Verkündigung: Volksfest auf der Piazza Santissima Annunziata am 25. März

Taste: kulinarische Messe an einem Märzwochenende, *tastefirenze.it*

Scoppio del Carro: Renaissance-Feuerwerksspektakel am Ostersonntag, bei dem zwischen Dom und Baptisterium ein historischer Karren angezündet wird

Mostra Internazionale dell'Artigianato: Kunsthandwerksmesse in der Fortezza da Basso Ende April, *mostra artigianato.it*

Notte Bianca: kostenlose Konzerte, Performances und viele weitere Veranstaltungen in der Nacht zum 1. Mai

MAI/JUNI
⭐ **Maggio Musicale Fiorentino:** mehrwöchige Festspiele mit Opern, Konzerten und Ballett, kostenloses Abschlusskonzert auf der Piazza della Signoria, *maggiofiorentino.com*

Artigianato e Palazzo: am 2. oder 3. Wochenende im Mai im Garten des Palazzo Corsini sul Prato, Verkauf von traditionellem italienischem Kunsthandwerk, *artigianatoepalazzo.it*

Firenze Rocks: seit 2017 jährliches Rockfestival im Juni im Parco delle Cascine mit Gruppen und Sängern aus der internationalen Rockszene, *fi renzerocks.it*

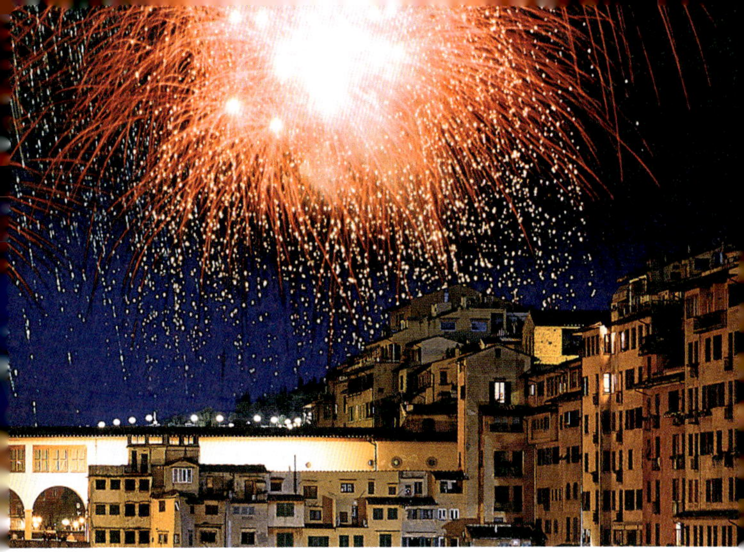

Feuerwerk zum Abschluss des Calcio in Costume

Calcio in Costume: am 24. Juni zu Ehren des Stadtheiligen Finale des historischen Fußballspiels der vier Stadtviertel in mittelalterlichen Kostümen auf der Piazza Santa Croce, am Abend großes Feuerwerk vom Piazzale Michelangelo aus, *calciostoricofiorentino.it*

JULI/AUGUST

Estate Fiesolana: eines der ältesten Festivals Italiens mit Konzert, Theater, Ballett und Film im römischen Theater in Fiesole, *estatefiesolana.it*

Estate al Bargello: Tanz- und Musikfestival im Hof des Museo del Bargello mit internationalem Programm im Juli, *firenzetoday.it, florencedance.org*

SEPTEMBER/OKTOBER

Festival Internazionale Musica dei Popoli: Musikkultur aus vielen Ländern im Auditorium Flog, *musicadeipopoli.com*

Festa della Rificolona: Unzählige Lampions leuchten am 7. Sept. auf dem Arno und der Piazza della Santissima Annunziata.

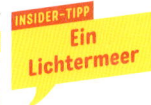

INSIDER-TIPP
Ein Lichtermeer

Biennale Internazionale di Arte Contemporanea, Biennale Internazionale dell'Antiquariato di Firenze: alle zwei Jahre (ungerade Jahreszahlen) in der Fortezza da Basso bzw. im Palazzo Corsini, *florencebiennale.org, biennaleantiquariato.it*

Festival dei Popoli: internationales Dokumentarfilmfest Ende Oktober/Anfang November, *festivaldeipopoli.org*

NOVEMBER/DEZEMBER

50 Giorni di Cinema: 50 Tage lang verschiedene Filmfestivals in der Compagnia, *cinemalacompagnia.it*

Firenze Marathon: am letzten Sonntag im November, *firenzemarathon.it*

SCHÖNER SCHLAFEN

KÖNIGLICH RESIDIEREN

Wunderschön ist die Renaissancevilla *Torre di Bellosguardo* ⭐ *(16 Zi. | Via Roti Michelozzi 2 | Tel. 05 52 29 81 45 | torrebellosguardo.com | €€€ | ▦ C6)* mit Pool, Park und traumhaftem Blick auf Florenz – nur 10 Min. vom Zentrum entfernt! Der Gast ist hier König, lebt ganz wie in glorreichen alten Zeiten. Schon Galileo Galilei wusste, was schön ist, und hat hier geschlafen.

INNOVATIVER STUDENTEN-LIFESTYLE FÜR ALLE

Mehr als ein Hotel in einem historischen Palazzo: sechs Etagen, Restaurant, Bar, Platten- und Kleidungsgeschäft, Bikeshop, Coworkingräume, Lounge, Fitnessstudio, Innenhof – und auf dem Dach Pool mit spektakulärem Blick auf die komplette Stadt. Das *Student Hotel (Viale Spartaco Lavagnini 70 | Tel. 05 50 62 18 55 | thestudent hotel.com | € | ▦ F3)* ist für Studenten und für alle, die sich wie solche fühlen. Auf jeden Fall hip. Fahrräder können sowohl geliehen als auch untergestellt werden.

INSIDER-TIPP
Fahrradfans aufgepasst!

GEMÜTLICH CHILLEN IM RETROHOSTEL

Abseits der Touristenströme im Vintagestyle. Jeder der 13 Räume des *Ostello Tasso (Via Villani 15 | Tel. 05 50 60 20 87 | tassohostelflorence. com | € | ▦ D6)* ist individuell gestaltet. Sehr netter, gemütlicher Innenhof. Im großen Saal finden von Oktober bis Juni Konzerte, Open-Mic-Nights und mehr statt. Dann kommen auch die Einheimischen zu Besuch.

MEINE KLEINE FARM

Zwölf gemütliche Apartments auf dem Gelände eines Klosters, dazu ein Pool, ein Restaurant, in dem nur mit frischesten Zutaten gekocht wird, und

gleich vor der Tür Wanderwege mit viel Panorama (auch werden Touren/Safaris angeboten). Esel, Hühner, Pferde & Co. wohnen übrigens mit in der *Fattoria di Maiano* ⭐ *(Via Benedetto da Maiano 11 | Fiesole | Tel. 0 55 59 96 00 | fattoriadimaiano.com | €€ | ⌑ 0)*. Es ist so idyllisch hier oben, dass man fast nicht mehr in die Stadt will! Buchung wochenweise.

IN PURER NATUR

Im Bauernhaus übernachten? Oder doch lieber im „Haus des Kinos"? Oder sogar im Baumhaus? Hier, 15 Min. von Florenz entfernt, habt ihr Natur, Ruhe und euer ganz speziell eingerichtetes Häuschen. Die *Casa Barthel (1 Zi. | Via Volterrana 103 | Tel. 33 55 71 17 86 | casabarthel.com | €€ | ⌑ 0)* ist perfekt, um sich von den Museumsbesuchen zu erholen und gleichzeitig vom Garten mit Pool auf die Stadt zu blicken.

INSIDER-TIPP
Mit Blätter- rauschen auf- wachen

ROOM WITH A VIEW

Downtown und günstig. *Das Hotel Medici (Via dei Medici 6 | Tel. 0 55 28 48 18 | hotelmedici.it | €€ | ⌑ F5)* liegt direkt in einer Parallelstraße vom Dom. Einige der Zimmer sind sogar mit Blick auf die Kuppel. Von der Dachterrasse des Hotels hat man ihn auf jeden Fall. Hier seid ihr mitten im Geschehen.

OLD ENGLAND SAYS HELLO

Ein nostalgischer Wintergarten für die Teatime, ein schöner Diningroom, wo man auch sehr gut diniert. Very British, very 19th century. Das *Helvetia & Bristol (67 Zi. | Via dei Pescioni 2 | Tel. 05 52 66 51 | starhotelcollezione.com | €€€ | ⌑ F5)* ist ein Überbleibsel der englischen Kolonie, aber auf neustem Stand.

ERLEBNIS TOUREN

Lust, die einzigartigen Facetten der Stadt zu entdecken? Dann sind die Erlebnistouren genau das Richtige für dich! Ganz einfach wird es mit der MARCO POLO Touren-App: Die Tour über den QR-Code aufs Smartphone laden – und auch offline die perfekte Orientierung haben.

Piazza del Duomo

Einfach QR-Code scannen und alle Karten & Infos zu unseren Touren auch unterwegs parat haben!

go.marcopolo.de/flo

DIE ERLEBNISTOUREN IM ÜBERBLICK

la Lastra

Via Incontri

Via di Santa Marta

la Pietra

T. Terzolle

Rifredi

Montughi

Cappuccini di Montughi

Museo Stibbert

Via di Montughi

Via Bolognese

Via dei Bruni

Viale Alessandro Guidoni

Via Vittorio

Emanuele II

Via Giovan Filippo Martii

Ponte di Mezzo

Via dell' Arcovata

Viale - Corsica

Via Circondaria

Piazza Pietro Leopoldo

S. Martino

Via Trieste

il Romito

Via Giuseppe Richa

Viale dei Cadorna

Ponte Rosso

Viale Francesco Redi

Viale Giovanni Milton

Via Maragliano

Piazza della Libertà

Viale Giacomo Matteotti

Via del Ponte

Viale Filippo Strozzi

Palazzo delle Mostre

Viale Spartaco Lavagnini

Via Benedetto Marcello

Fortezza da Basso

Piazza della Indipendenza

Museo di San Marco

Via Camillo Cavour

Le Cascine

Via Belfiore

Rosselli

Via XXVII Aprile

Ex- Statione Leopolda

Via Fratelli

Stazione Centrale di S.Maria Novella

Via Valfonda

3

Teatro l'Amicizia

Ponte della Vittoria

1

Palazzo Medici-Riccardi

Via dei Vanni

Das ganze Herz der Stadt in einer Tour

Piazza S.Maria Novella

Duomo

Borgo Pinti

Via della Fonderia

Fiume Arno

Ponte alla Carraia

Palazzo Vecchio

Teatro Verdi

Via Pisana

Pignone

S. Frediano in Cestello

Ponte Vecchio

Lungarno Corsini

1

Lungarno della Zecca Vecchia

S.Spirito

Ponte alle Grazie

Lungarno Serristori

Monte Uliveto

S. Maria del Carmine

V. Francesco Petrarca

Via dei Serragli

San Giorgio

Palazzo Pitti

Museo Bardini

Piazzale Michelangelo

2

Bello-squardo

Via Romana

Giardino di Boboli

San Miniato

Costa

2

Piazzale di Porta Romana

Forte di Belvedere

V. San Leonardo

Viale del Poggio Imperiale

Niccolò

San Miniato al Monte

Viale Galileo

Brücken, Paläste und Gärten ... und raus aus der Stadt

Machiavelli

San Miniato a Monte

Piazzale Galileo

Fiesole

San
Francesco

Duomo

3

San
Domenico

Via Giuseppe Mantellini

T. Mugnone

Badia
Fiesolana

Via San Domenico

San Domenico

**Im Zickzack durchs
Grüne – aufwärts zu
heiligen Orten**

Via Giovanni Boccaccio

Viale della Piazzuola

Via delle Forbici

Via San Domenico

Salviatino

Salviatino

Via del

Via da Maiano

le Cure

Viale Alessandro Volta

Viale Augusto Righi

Viale Ugo Bassi

Viale Calatafimi

Viale dei Mille

FIRENZE

Via Benedetto

Via

Manfredo

**Stadio
Comunale**

Campo di
Marte

Viale Pasquale Paoli

Via Campo d'Arrigo

Palasport

Viale Malta

Fanti

Viale Edmondo de Amicis

Via Gabriele d'Annunzio

Coverciano

Via del Gignoro

Via Mannelli

Via Masaccio

**Shoppen und Futtern –
einmal quer
durch die Stadt**

Via del Mezzetta

Via del

Via del Guarlone

Via Lucrezia Mazzanti

4

la Vincenzo Gioberti

Via Aretina

Via Rocca
Tedalda
Via Aretina

Via Francesco
G. Da. de' Santis

Ponte
Verrazzano

Lungarno Cristoforo Colombo

ungarno del Tempio

Fiume Arno

Viale dell' Alberata

Via di Villamagna

Piazza
Ravenna

Via di Villamagna

Via Giampaolo Orsini

Viale Donato Giannotti

Via Gran Bretagna

Gavinana

Viale Europa

Via Marco Polo

N

500 m
547 yd

❶ DAS GANZE HERZ DER STADT IN EINER TOUR

➤ **Palazzi, Kirchen und Haute Couture**
➤ **Durch verwinkelte Gassen und über weite Plätze**
➤ **Märkte, Eis, Pizza: schlemmend durch die Altstadt**

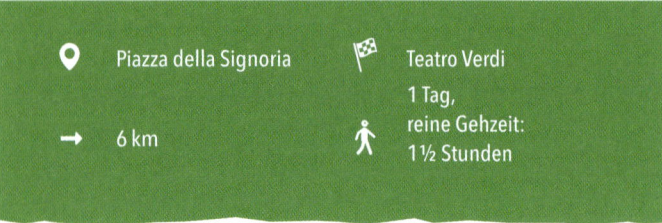

📍 Piazza della Signoria

🏁 Teatro Verdi
1 Tag,
reine Gehzeit:
1½ Stunden

→ 6 km

🚶

---

❶ **Piazza della Signoria**

❷ **Orsanmichele**

❸ **Palazzo Strozzi**

❹ **Via dei Tornabuoni**

❺ **Museo Marino Marini**

LOS GEHT'S ...

Beginn: ❶ Piazza della Signoria ➤ S. 30. Eine *brioche* und ein wirklich guter Cappuccino im renommierten Rivoire ➤ S. 70 oder eine heiße Schokolade (dafür ist dieses Café in ganz Italien berühmt!). Besser kann man den Tag nicht beginnen. Die weite Piazza gilt mit dem Palazzo Vecchio ➤ S. 31 und der Loggia dei Lanzi ➤ S. 35 als einer der inspirierendsten Orte von Florenz. *Dann folgt man der Via dei Calzaiuoli, biegt am ehemaligen Getreidespeicher, heute der Kirche ❷ Orsanmichele ➤ S. 40, nach links und schlendert über die Piazza della Repubblica,* wo es auch eine deutsche Zeitung am Kiosk unter dem Triumphbogen gibt. *Dann weiter auf der Via Strozzi zum majestätischen ❸ Palazzo Strozzi ➤ S. 41,* in dem vielleicht gerade eine interessante Kunstausstellung stattfindet. *Durch den Palastinnenhof, und ihr seid auf der* ❹ Via dei Tornabuoni, der Luxusmeile der Haute Couture. Shoppen, aber auch nur schauen macht Spaß, z. B. bei Emilio Pucci ➤ S. 90 oder Salvatore Ferragamo ➤ S. 90.

PFERDE UND FRESKEN IN DER KIRCHE

Lust auf moderne Kunst? *Dann geht am besten entlang der mittelalterlichen Via della Spada zur Piazza San Pancrazio* mit dem in einer ehemaligen Kirche installierten ❺ Museo Marino Marini ➤ S. 50. Hier stehen moder-

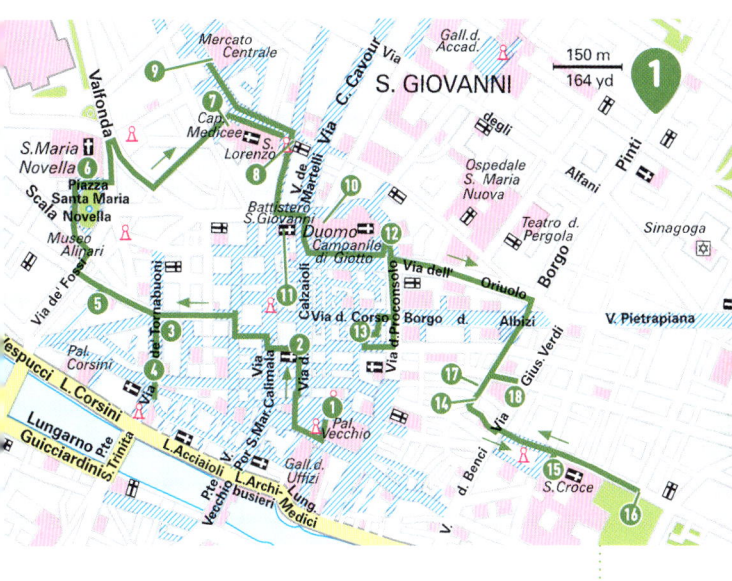

ne Pferdeskulpturen mitten im Kirchenschiff. Von hier kommt ihr in nur drei Minuten *über die Via della Spada und die Via di Fossi zur schönen und weitläufigen Piazza Santa Maria Novella.* Macht Pause auf einer Bank oder sonnt euch ein wenig, bevor ihr dann die Kirche **6 Santa Maria Novella ➤ S. 49** mit ihren unermesslichen Kunstschätzen – darunter großartigen Freskenzyklen – erkundet.

6 Santa Maria Novella

INS KULINARISCHE SCHLARAFFENLAND

Zurück stadteinwärts geht ihr über die Via del Giglio zu den **7 Cappelle Medicee ➤ S. 47**, die zur Kirche **San Lorenzo ➤ S. 47** gehö-

7 Cappelle Medicee

INSIDER-TIPP
Souvenirs zu kleinen Preisen

ren. In den Seitengassen brummt der große Touristenmarkt, auf dem man super Mitbringsel kaufen kann. Dann vielleicht eine kleine Mittagspause? Bei der authentischen Trattoria **8 Gozzi Sergio ➤ S. 78** isst man gemeinsam mit vielen Florentinern, die sich hier einen Teller guter Pasta gönnen. Falls kein Tisch mehr frei sein sollte, geht einfach *ca. 100 m in die Via dell'Ariento* in das kulinarische Schlaraffenland des **9 Mercato Cen-**

8 Gozzi Sergio

9 Mercato Centrale

trale ➤ S. 78, 88, wo es besonders Spaß macht, sich

In der Scuola del Cuoio geht alles noch von Hand – Taschen aus feinstem Leder

aus den besten italienischen Köstlichkeiten auf der ersten Etage der großen Halle ein Menü zusammenzustellen. Danach ein Bummel vorbei an den Marktständen mit frischen Spezialitäten im Erdgeschoss.

HIERHIN ZIEHT ES ALLE: IN DEN DOM

Jetzt könnt ihr in den Schuhgeschäften *auf dem Borgo San Lorenzo* stöbern und gelangt dann direkt auf den Platz vor dem überwältigenden **⑩ Duomo di Santa Maria del Fiore** ➤ S. 36 und dem **⑪ Baptisterium** ➤ S. 38. Besonders interessant: das **⑫ Grande Museo del Duomo** ➤ S. 39 östlich des Doms. Hier könnt ihr die Originale der faszinierenden Bildhauerarbeiten sehen.

AUF GEHT'S ZU DANTE UND HÖLLISCH GUTEM EIS

Die *Via del Proconsolo* führt euch etwas von den Touristenmassen weg. *Ein Schlenker über die Via Dante Alighieri bringt euch* zu **⑬ Dantes Geburtshaus** ➤ S. 36. Von dort schlendert ihr *durch den Borgo degli Albizi und dann nach rechts* auf ein köstliches *gelato* bei

⑭ **Vivoli** ➤ S. 72 zu. *Wenige Schritte entlang der Via Torta,* und es öffnet sich vor euch wie eine Theaterkulisse die Piazza Santa Croce mit der prachtvollen Franziskanerkirche ⑮ **Santa Croce** ➤ S. 52. Wenn ihr dort vorbeischauen wollt, wo der König von Marokko und der englische Adel Stammkunden sind, geht zur Lederwerkstatt ⑯ **Scuola del Cuoio** ➤ S. 87. Relativ nah wartet nun die stadtbekannte Pizzeria ⑰ **Caffé Italiano** *(Via Isola delle Stinche 11r | caffeitaliano.it),* um sich vor einem Besuch im historischen Logentheater ⑱ **Teatro Verdi** ➤ S. 105 zu stärken.

⑭ Vivoli
⑮ Santa Croce
⑯ Scuola del Cuoio
⑰ Caffé Italiano
⑱ Teatro Verdi

❷ BRÜCKEN, PALÄSTE UND GÄRTEN ... UND RAUS AUS DER STADT

➤ Durchs Kunsthandwerkerviertel auf die Hügel und zurück
➤ Das grüne Florenz entdecken
➤ Perspektivenwechsel – auf die Dächer der Stadt schauen

📍 Ponte Vecchio	🏁 Ponte Vecchio
🔄 8 km	🚶 5 Stunden, reine Gehzeit: 2 ½ Stunden

ℹ️ Achtung: ❹ **Giardino Torrigiani:** nur mit Voranmeldung zu besuchen.
Wer mag, kann die Hügelstraße ab Porta Romana auch vom Bus (Linie 12) aus genießen.

AUF DIE ANDERE SEITE DES ARNO

Die Tour startet an einem Wahzeichen von Florenz, dem ❶ **Ponte Vecchio** ➤ S. 28. Genießt den Blick in beide Richtungen des Flusses. *Auf der Via Guicciardini* erreicht ihr in Kürze den mächtigen ❷ **Palazzo Pitti** ➤ S. 57, einst Residenz der toskanischen Großherzöge, in dem heute mehrere Museen und Galerien untergebracht sind. Auf dem Platz davor kann man perfekt die

❶ Ponte Vecchio
❷ Palazzo Pitti

Atmosphäre genießen oder im ❸ Caffé Pitti *(caffepitti. it)* einen Cappuccino trinken. Nach rund 200 m biegt ihr *rechts in die Via del Campuccio* ein, eine kleine, ruhige Gasse, die quer durch das Kunsthandwerkerviertel ⚑ *San Frediano* zur *Piazza Tasso* führt. ❹ Giardino Torrigiani *(Eintritt 25 Euro | Eingang Via de Serragli 144 | Tel. 0 55 22 45 27 | giardinotorrigiani.it)* ist der größte private Garten innerhalb der Stadtmauern in ganz Europa. Nur mit Voranmeldung könnt ihr ihn besichtigen. Von der Piazza Tasso geht ihr an der alten Stadtmauer entlang bis zur schönen ❺ Porta Romana.

IN WEITEN BÖGEN DEN HÜGEL HINAUF

Von hier führt der baumgesäumte ❻ Viale Niccolò Machiavelli vorbei an Gärten und Villen *bis zum Piazzale Galileo* mit dem Hotel Kraft, auch Sitz des Schweizer Honorarkonsulats. Weiter geht es den ❼ Viale Galileo Galilei entlang mit seinen schönen Kastanienbäumen am Restaurant *Châlet Fontana (Di–So | Viale Galileo Galilei 7 | chalet-fontana.it | €€)* vorbei. Von dieser habt ihr eine wunderschöne Aussicht: auf das Forte di Belvede-

Palazzo Pitti: Drinnen wartet große Kunst, draußen der hügelige Giardino di Boboli

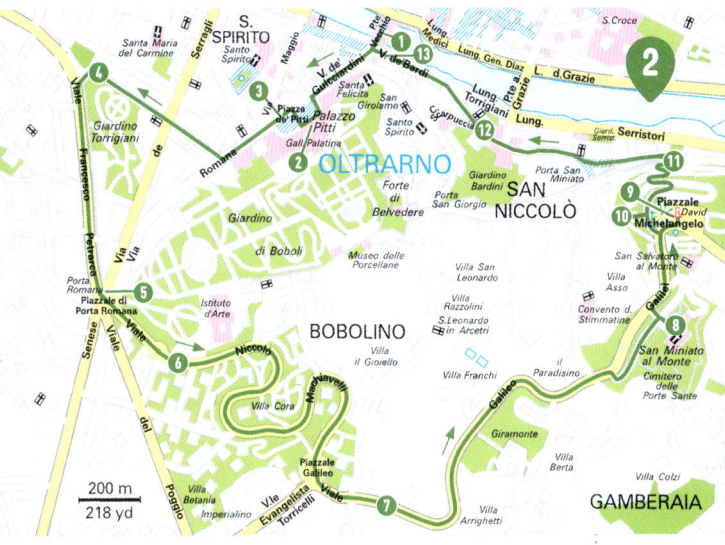

re und die östlich der Stadt gelegenen Hügel von San Domenico und Fiesole. Irgendwann erspäht ihr rechts die Kirche **8** **San Miniato al Monte** ➤ **S. 61**. Nutzt die Gelegenheit zur Besichtigung dieser wunderschönen Kirche. Auch der Friedhof, der **Cimitero delle Porte Sante**, hat eine besondere Atmosphäre. Hier liegen viele verdiente Florentiner Bürger begraben, u. a. auch der Schöpfer des bekannten Pinocchio, Carlo Collodi. In der alten *Klosterapotheke (tgl. 10–12.15 und 16–18 Uhr)* bekommt man Kräuterliköre, Kerzen und andere Mitbringsel.

INSIDER-TIPP
Alchemie von den Mönchen

8 San Miniato al Monte

DIE POSTKARTENAUSSICHT

Von San Miniato ist es nicht weit bis zum großen Aussichtsplatz **9** **Piazzale Michelangelo** ➤ **S. 60**. Hier liegt euch Florenz nun wahrlich zu Füßen! Der perfekte Ort für ein Panoramafoto. Am linken Ende vom Piazzale liegt eine kleine Bar mit Aussichtsterrasse für eine Erfrischung. Ansonsten könnt ihr unterhalb des Piazzale gemütlich durch den **10** **Giardino delle Rose** ➤ **S. 60** schlendern und dort auf den kleinen Wiesen ein Päuschen einlegen. Von hier geht ihr anschließend den

9 Piazzale Michelangelo

10 Giardino delle Rose

hübschen und ruhigen *Viale Poggi hinunter.* Die serpentinenreiche Terrassenstraße endet am ehemaligen Stadttor **⑪ Porta San Niccolò**. *Hier geht's nach links,* und schon bald sieht man auf der gegenüberliegenden Flussseite den großen Bau der Nationalbibliothek. Nach der nächsten Brücke steht links die kleine **⑫ Chiesa Evangelica Luterana** *(Gottesdienst So 10 bzw. 11 Uhr, meist zweisprachig),* Ende des 19. Jhs. für die evangelische Gemeinde erbaut. bei ihrer Einweihung war sogar Kaiser Wilhelm II. anwesend. Am gegenüberliegenden Ufer werden jetzt die Arkaden des Piazzale degli Uffizi sichtbar, und man kann den Verlauf des Corridoio Vasariano ➤ S. 29 sehen, der sich von dort über den Ponte Vecchio bis zum Palazzo Pitti hinzieht. Wenige Meter weiter *an der Piazza Santa Maria Sopr'Arno* liegt direkt am Fluss die **⑬ Golden View Open Bar** *(tgl. 12–24 Uhr | Via dei Bardi 58r | Tel. 0 55 21 45 02 | goldenviewopenbar.com).* Ideal, um die Tour in unmittelbarer Nähe zum **❶ Ponte Vecchio** ausklingen zu lassen.

⑪ Porta San Niccolò

⑫ Chiesa Evangelica Luterana

⑬ Golden View Open Bar

❶ Ponte Vecchio

Der Mönch, der Maler war: Fra Angelico schuf die Fresken des Klosters San Marco

❸ IM ZICKZACK DURCHS GRÜNE – AUFWÄRTS ZU HEILIGEN ORTEN

➤ Mit dem Bus hoch ins Etruskerstädtchen
➤ Klosterruhe in Fiesole und San Domenico genießen
➤ Schönster Nebeneffekt: phantastische Aussicht auf Florenz

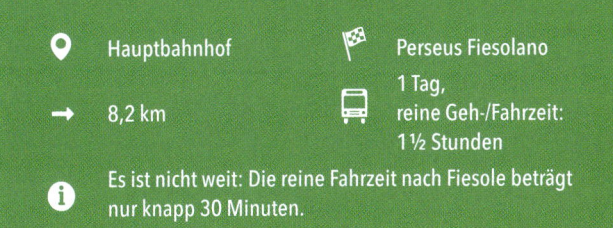

📍 Hauptbahnhof	🏁 Perseus Fiesolano
→ 8,2 km	🚌 1 Tag, reine Geh-/Fahrzeit: 1½ Stunden

ℹ Es ist nicht weit: Die reine Fahrzeit nach Fiesole beträgt nur knapp 30 Minuten.

ZUM MALERMÖNCH UND DER EUROPA-UNI

Mit dem Bus Nr. 7 geht es ab ❶ Hauptbahnhof erst kurz durch die Stadt und dann bergauf, mit Blick auf Villen, Gärten und Olivenhaine. *Auf halber Höhe erreicht man den Ort* San Domenico, eine Ansammlung von Häusern um den Klosterkomplex ❷ San Domenico mit einer Kirche vom Anfang des 15. Jhs. Aussteigen lohnt sich, denn in diesem Kloster lebte und arbeitete der Malermönch Fra' Angelico, bevor er von Cosimo de' Medici nach Florenz berufen wurde, um in den Zellen von San Marco weiterzumalen. Hier oben ist noch heute in der ersten linken Kapelle sein großes Altarbild zu sehen und im Kloster selbst ein Kreuzigungskruzifix. *Gleich gegenüber der Kirche führt eine schmale Straße steil bergab. Aber schon nach ein paar Metern seht ihr links die* ❸ Badia Fiesolana *(Mo–Fr 8–19 Uhr)*, eine beeindruckende romanische Kirche, die bis 1026 der Dom von Fiesole war. Heute sitzt da in feinstem Ambiente die Europa-Universität *(eui.eu)*. Mit dem Bus geht es dann im Zickzack *die Panoramastraße weiter rauf*. Man sieht jetzt über die ganze Stadt, im Süden bis ins Chianti und im Osten bis zum Pratomagno, auf dessen Kuppen im Frühjahr manchmal noch Schnee liegt. *Nach einer scharfen Kurve zeigt sich rechts oben am*

❶ Hauptbahnhof

❷ San Domenico

❸ Badia Fiesolana

Hang die Loggia der **Villa San Michele**. Am Entwurf des früheren Klosters war Michelangelo beteiligt. Die Lage ist unbezahlbar, das Hotel leider auch. *Noch eine letzte Kurve, und der Bus hält auf der Piazza von* ④ **Fiesole**. *Endstation!*

IM ETRUSKERSTÄDTCHEN: FIESOLE

Vor euch steht, unübersehbar und mächtig die 1028–58 gebaute ⑤ **Cattedrale di San Romolo** *(tgl. 7.30–12 und 15–18, im Winter bis 17 Uhr).* Auch recht stattlich: das ⑥ **Priesterseminar** im Nordwesten des Platzes. Daneben wirkt der ⑦ **Palazzo Vescovile** (erzbischöflicher Palast) trotz seiner schönen Freitreppe und den exotischen Palmen fast schmächtig. *Zwischen Priesterseminar und Palazzo führt eine steile Straße auf zum* **❽ Kloster San Francesco** *(Mo–Sa 9–12 und 15–19, im Winter bis 18, So 9–10.30 und 15–19 Uhr)* von 1330. An diesem mit 345 m höchsten Punkt der Gegend erhob sich schon zu Zeiten der Etrusker und der Römer eine Akropolis. An klaren Tagen hat man von hier oben einen unglaublichen Rundblick über die ganze Stadt bis zu den Gebirgszügen der Apuanischen Alpen.

INSIDER-TIPP
**Erhaben
hinabschauen**

**❽ Kloster
San Francesco**

Zurück zur Piazza. Schaut mal bei **❾ Mastrocigliegia** *(Piazza Mino da Fiesole 3)* vorbei, seine Keramik ist wirklich schön! Boutiquen, Geschäfte mit gutem Kunsthandwerk, Lebensmitteln und Schuhen ziehen sich den Platz hinauf. *An höchster Stelle* steht neben der kleinen Kirche **❿ Santa Maria Primerana** (16. Jh.) das wappengeschmückte **⓫ Rathaus**, davor ein Reiterstandbild mit Vittorio Emanuele II. und Garibaldi. Dann

❾ Mastrocigliegia

**❿ Santa Maria
Primerana**

⓫ Rathaus

Schön, auch ohne viel Prunk: Fiesoles romanische Cattedrale di San Romolo

am besten essen gehen bei ⑫ **Vinandro** *(tgl. | Piazza Mino da Fiesole 33 | Tel. 05 55 91 21 | €–€€).*

RÖMISCHE RUINEN UND MEHR

An der Apsis des Doms vorbei kommt man zur schön gelegenen ⑬ **Area Archeologica** *(Nov.-Feb. Mi-Mo 10-15, März und Okt. tgl. 10-18, April-Sept. tgl. 10-19 Uhr | Eintritt 7 Euro, Sammelticket mit Museo Bandini und Museo Archeologico 12 Euro | museidifiesole.it).* Zeit für eine Erholungspause im Grünen, aber mit Kulturzuschlag! Auf diesem Parkareal wurden bedeutende Zeugnisse aus etruskischer und römischer Zeit freigelegt, darunter Tempel- und Thermenanlagen. Das großartige **Teatro Romano** ist heute noch der ideale Ort für die sommerlichen Theater- und Ballettaufführungen der **Estate Fiesolana** ➤ S. 111. Sehenswert sind auch die in diesem Gebiet gemachten Funde, die im angeschlossenen Museum ausgestellt sind.

Gegenüber vom Eingang der Area Archeologica liegt das ⑭ **Museo Bandini** *(Fr-So, Nov.-Feb. 10-15, März und Okt. 10-18, April-Sept. 9-19 Uhr | Eintritt 5 Euro,*

Teatro Romano. Hier dient die Landschaft als Bühnenbild – nicht schlecht, oder?

Sammelticket für Area Archeologica und Museum 12 Euro | museidifiesole.it) mit einer kleinen, aber guten Sammlung von Werken Florentiner Künstler des 13.–15. Jhs. Das war's mit Kultur! Eine saftige *bistecca alla fiorentina* im Restaurant ⓯ Perseus Fiesolano *(tgl. | Piazza Mino da Fiesole 9 | Tel. 05 55 91 43 | €€)* hat man sich jetzt ehrlich verdient! Im Sommer auch draußen im netten Garten.

⓯ Perseus Fiesolano

❹ SHOPPEN UND FUTTERN – EINMAL QUER DURCH DIE STADT

➤ **Öl, Kermamik, Wein & Co. – alles, was das Herz begehrt**
➤ **Über den Borgo, vorbei an Synagoge und Stadttor**
➤ **Wo die Florentiner kaufen**

📍 Piazza della Repubblica	🏁 Piazza Beccaria
→ 4,3 km	🚶 1/2 Tag, reine Gehzeit 1 Stunde

ℹ️ Sowohl der ❼ Mercato di Sant'Ambrogio als auch der nahe Trippaio-Stand sind am Sonntag geschlossen.

SHOPPEN MIT KLASSISCHER MUSIK

Alles beginnt in Florenz auf der ❶ Piazza della Repubblica. Dann *durch die quirlige Via del Corso, vorbei an der kleinen Kirche* ❷ Santa Maria de'Ricci aus dem frühen 16. Jh., aus der oft klassische Musik tönt und wo ihr kurz reinhören könnt. Shoppen geht hier rechts und links in kleinen Boutiquen und Enotheken. Fabriano *(Via del Corso 59)* führt beste Schreibartikel, und Feinschmecker bekommen in der Galleria del Chianti *(Via del Corso 41)* gute Weine, Olivenöl und noch viel mehr. *Spaziert dann einfach geradeaus weiter durch den schattigen Borgo degli Albizi,* vorbei am pompösen Palazzo Ramirez Montalvo, in dem das renommierte Auktions-

❶ Piazza della Repubblica

❷ Santa Maria de'Ricci

haus Pandolfini sitzt. Die großen florentinischen Familien hatten früher alle ihre Geschlechtertürme. An der Piazza San Pier Maggiore steht noch einer, der ❸ **Torre dei Donati** aus dem 13. Jh., heute Unesco-Welterbe. Oben drin arbeitete früher der „Maler der Könige" Pietro Annigoni (1910–88). In der ❹ **Pizzicheria Antonio Porrati** *(Borgo degli Albizi 30r)* könnt ihr schon mal ein *panini* verspeisen oder diverse Delikatessen kaufen. Mögt ihr Keramik? Dann macht am besten einen *Schlenker nach links durch die niedrige Volta di San Piero* zu ❺ **Sbigoli Terrecotte** ➤ S. 86. An der Piazza Salvemini ist ❻ **Vestri** – perfekt für Schokoladenfans.

In der Via Pietrapiana wird's langsam ruhiger, und vielleicht habt ihr Hunger? Ein Stück weiter in der alten Markthalle des ❼ **Mercato di Sant'Ambrogio** ➤ S. 89 gibt es bei **Rocco** was zu essen, oder ihr probiert am *Büdchen der Familie Pollini* auf der Piazza Sant'Ambrogio mal *lampredotto* (Labmagen) oder *trippa* (Kutteln). Die Florentiner lieben es. Danach ist ein Blick in die jüdische Vergangenheit der Stadt interessant. Links seht ihr die grüne Kupferkuppel der ❽ **Sinagoga** ➤ S. 63, gut erreichbar *über die Via dei Pilastri/Via Farini. Zurück zur Einkaufszeile.* Es wird jetzt immer untouristischer und bürgerlicher. Die Straße mit den vielen kleinen Geschäften heißt jetzt *Borgo La Croce und führt direkt zur Piazza Beccaria mit ihrem alten Stadttor. Bevor ihr über*

❸ Torre dei Donati

❹ Pizzicheria Antonio Porrati

❺ Sbigoli Terrecotte
❻ Vestri

❼ Mercato di Sant'Ambrogio

❽ Sinagoga

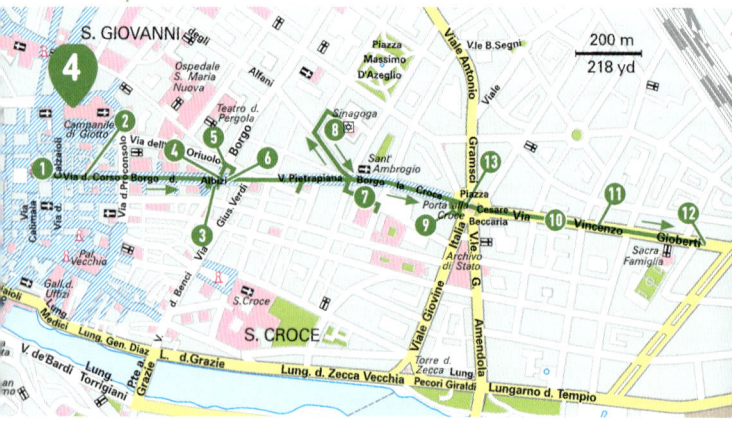

Die Florentiner Küche erleben, riechen und schmecken: Mercato di Sant'Ambrogio

den Platz geht, solltet ihr kurz auf der rechten Seite zu-
mindest einen Blick in die Konditorei ❾ Dolci e Dol-
cezze *(Di–Sa 8.30–19.30, So 9–13 Uhr | Piazza Becca-*
ria 8r) werfen. Vielleicht ist ja noch Platz für was Süßes.

Weiter geht's auf der anderen Seite der Piazza in der Via
Gioberti, einer alten kleinen Einkaufsstraße des Floren-
tiner Bürgertums. Hier ist wirklich alles vereint –
Schlachter neben Juwelieren, Boutiquen, Fischhändler,
Buchhandlungen, Bäcker, Supermarkt, alles da. Und
dazwischen ein paar Bars und Trattorien. Florentiner
aus der ganzen Stadt zieht es aber vor allem wegen drei
gastronomischer Einrichtungen hierher: dem Bistrot
❿ La Cocotte *(So–Do 8–24, Fr/Sa 8–1 Uhr | Via Giober-*
ti 91r | lacocotte.org | €€), wo nur mit Zutaten aus der
Toskana gearbeitet wird, der ⓫ Enoteca Bonatti
► S. 85, einer sehr gut sortierten Weinhandlung, und
dem ⓬ Il Palagiaccio *(Mo 16–19.30, Di–Sa 8.30–13,*
16–19.30 Uhr | Via Gioberti 9r | palagiaccio.com), be-
kannt für erstklassige Milchprodukte (Käse, Ricotta,
Mozzarella) aus dem Mugello. *Zurück an der* ⓭ Piazza
Beccaria bringt euch der Elektrobus C2 wieder ins
Zentrum.

❾ Dolci e Dolcezze

❿ La Cocotte

⓫ Enoteca Bonatti

⓬ Il Palagiaccio

⓭ Piazza Beccaria

GUT ZU WISSEN

DIE BASICS FÜR DEINEN STÄDTETRIP

ANKOMMEN

Adapter Typ L

Eigentlich nicht mehr nötig, aber in einfacheren Hotels gibt es manchmal noch Dreifachsteckdosen.

ANREISE

Mit dem Auto über die Brennerautobahn E 45 (Brenner–Verona–Modena–Bologna), die Gotthardautobahn E 35 (Lugano–Mailand–Bologna) oder den San-Bernardino (weniger befahren). Fahrt erst bei Firenze-Certosa raus. Da ist weniger Verkehr, und ihr kommt über den Piazzale Michelangelo runter in die Stadt *(centro)*.

Mit dem Zug über die Schweiz oder Österreich. Ankunft am Hauptbahnhof *Santa Maria Novella* im Zentrum. Von den Bahnhöfen *Campo di Marte* oder *Rifredi* pendeln Züge zum Hauptbahnhof.

Vom Flughafen *Amerigo Vespucci* Tramvia T2 bis Hauptbahnhof (Stazione Alamanni oder Unitá). Bis jetzt kostet das Ticket 1,50 Euro (eine Extragebühr für das Flughafenticket von 4,50 Euro wird derzeit diskutiert).

Mit Easyjet, Ryanair und Vueling kommt ihr günstig nach Pisa zum *Aeroporto Galileo Galilei*. Von dort verkehren Direktzüge zum Florentiner Bahnhof *(Fahrzeit 70 Min. | 11,30 Euro),* oder ihr nehmt den *Autostradale*-Bus *(7,50 Euro | je nach Verkehr 60 Min. | autostradale.it).* Alternativ fährt auch der *Terravision*-Bus *(4,99 Euro | terravision.eu).* Vorher checken: Öfter fährt einer der Busse nicht, und auch die Preise ändern sich ständig!

Ryanair landet auch in Bologna. Vom Hauptbahnhof ist man mit dem

Fensterfassade des Ponte Vecchio

Schnellzug *(trenitalia.it, italotreno.it)* in circa 30 Min. in Florenz.

AUSKUNFT

ITALIENISCHE ZENTRALE FÜR TOURISMUS ENIT
Infomaterial oder Prospekte könnt ihr unter *enit.de* bzw. *enit.at* anschauen oder als PDF runterladen.

MOBIL SEIN

AUTO/MIETWAGEN
Achtung Autofahrer! Florenz erkundet man am besten nicht mit dem Auto. Denn: Die Innenstadt *(Zona ZTL)* ist ganzjährig Mo–Fr 7.30–20, Sa bis 16, sowie April–Okt. auch Do/Fr 7.30–3, Sa 7.30–16 und 23–3 Uhr nicht befahrbar, das variiert auch noch von Viertel zu Viertel. Das Missachten der Regeln wird teuer, und die Strafzettel kommen leider zu Hause an. Logiert ihr im Zentrum, lasst euch im Voraus vom Hotel eine schriftliche Genehmigung ausstellen oder fragt bei der *Polizia Municipale* (Vorsicht: kompliziert!). Erkennbar ist die ZTL an einer Art Ampel mit rotem oder grünem Licht (bei Grün darf man reinfahren). In vielen Straßen der Außenbezirke dürfen nur Anwohner parken. Dort bekommt man normale Strafzettel, an Tagen der Straßenreinigung *(pulizia stradale)* werdet ihr abgeschleppt und könnt nach Zahlung einer beträchtlichen Summe am nächsten Tag euer Auto in der außerhalb gelegenen (!) *Via Allende 18/20 (Tel. 05 54 22 41 42)* abholen. Allgemein gilt: Blau markierte Parkplätze sind kostenpflichtig (Parkautomat), weiß markierte nur für Anwohner!

Es gibt viele Parkplätze und Parkhäuser in Florenz, die Preise variieren von 1,50 Euro/Std. bis 72 Euro/Tag, Infos unter *firenzeparcheggi.it.* oder auf der hilfreichen deutschen Website *toskana-magazin.de.*

Durchgehend geöffnete Parkplätze sind bei der Porta Romana/Oltrarno *(🗺 D6–7).* Große, 24 Std. geöffnete Tiefgaragen am Rande der Innenstadt (außerhalb Zona ZTL): *Parcheggio Parterre (Einfahrt Via del Ponte Rosso | 🗺 G2), Parcheggio Stazione Fortezza Fiera (Einfahrt Piazzale Caduti dei Lager | 🗺 E3), Parcheggio Beccaria (🗺 H–J5).* Noch zentraler: Tiefgaragen am *Hauptbahnhof (Einfahrt Via Alamanni | 🗺 E4),* am *Mercato Centrale (Einfahrt von der Piazza | 🗺 F4)* und bei der *Stazione Leopolda (🗺 D4).*

An Tankstellen *(Mo–Fr 7.30–12.30 und 15/15.30–19.30 Uhr)* ist oft Selbstbedienung, und außerhalb der Öffnungszeiten muss man sich mit komplizierten Automaten rumschlagen.

Mietwagen am besten schon von Deutschland aus reservieren. Fast alle großen Firmen haben Filialen in Florenz, z. B. *Avis (Borgo Ognissanti 128r | Tel. 0 55 21 36 29 | avisautonoleggio.it | 🗺 E5), City Car Rent (Borgo Ognissanti 111r | Tel. 05 52 39 92 31 | citycarrent.org | 🗺 E4)* vermietet u. a. auch stundenweise preisgünstig Smarts.

Oder ihr probiert's mit Carsharing: *car2go* ab 0,19 Euro/Min. oder ab 79 Euro/Tag *(car2go.com),* und Enjoy für 0,25 Euro/Min. oder 50 Euro/Tag *(enjoy.eni.com).*

Pannenhilfe: *Tel. 80 31 16* (bei ausländischen Mobilfunknummern: *Tel. 8 00 11 68 00).*

ÖFFENTLICHE VERKEHRSMITTEL

ATAF-Fahrkarten gelten für Bus und Straßenbahn (erhältlich in Bars, Tabakläden, Kiosken, Automaten an Tramstationen). Entwerten müsst ihr in Bus/Tram. Schwarzfahren wird mit bis zu 250 Euro bestraft! Kinder bis zu 1 m Größe fahren gratis. Ein Ticket für 90 Min. *(biglietto semplice)* kostet 1,50 Euro, Zehnerkarte 14 Euro. Infos erhaltet ihr in der Bahnhofshalle *(tgl. 7.30–19.30 Uhr).* Wer bei einem italienischen Netzbetreiber ist, kann einfach eine SMS mit dem Text „ATAF" an *4 88 01 05* schicken und bekommt schnell und unkompliziert sein E-Ticket (1,80 Euro plus SMS-Gebühr).

Die Tramlinie T1 fährt vom Krankenhaus Careggi über den Hauptbahnhof nach Scandicci. Die T2 fährt vom Hauptbahnhof über das Universitätsviertel in Novoli zum Flughafen.

TAXI

In Florenz ist es fast unmöglich, ein Taxi auf der Straße anzuhalten. Entwe-

---

GRÜN & FAIR REISEN

Du willst beim Reisen deine CO_2-Bilanz im Hinterkopf behalten? Dann kannst du deine Emissionen kompensieren *(atmosfair.de; myclimate.org),* deine Route umweltgerecht planen *(routerank.com)* oder auf Natur und Kultur *(gate-tourismus.de)* achten. Mehr über ökologischen Tourismus erfährst du hier: *oete.de* (europaweit); *germanwatch.org* (weltweit).

der ihr ruft es per Telefon *(Tel. 0 55 42 42, 0 55 43 90, 0 55 47 98)* oder geht zu einem Taxistand, z. B. *Hauptbahnhof (⏧ E4), Piazza della Libertà (⏧ G2), Piazza della Repubblica (⏧ F5), Piazza San Marco (⏧ G4), Piazza Santa Maria Novella (⏧ E4)* und *Porta Romana (⏧ D7)*. Der Mindesttarif für ein am Stand bestiegenes Taxi ist 3,30 Euro, für ein telefonisch gerufenes Taxi 5,30 Euro. Ab 22 Uhr, an Sonn- und Feiertagen und für jedes Kofferraumgepäckstück wird ein Aufschlag berechnet. Allein fahrende Frauen erhalten nachts *(21–2 Uhr)* zehn Prozent Rabatt *(*nach *sconto* fragen!*)*.

FAHRRAD & VESPA

Bikesharing wird in Florenz großgeschrieben: einfach die App *Mobike* downloaden, das nächste Fahrrad orten und mit dem QR-Code freischalten. Die orangefarbenen Räder stehen mittlerweile überall, und man kann sie an jeder beliebigen Stelle in der Stadt wieder abstellen. Schaut am besten nach den guten (größer, mit Gangschaltung, orangefarbener Korb), sie kosten 99 Cent für 20 Min.; die kleinen mit dem schwarzen Korb sind eine Katastrophe. Ansonsten vermietet *Florence by bike (April–Okt. tgl. 9–18 Uhr, sonst Mo–Sa 9–13 und 15.30–19.30 Uhr | Via San Zanobi 54r | Tel. 0 55 48 89 92 | florencebybike.it | ⏧ F3)* verschiedene Radtypen. Preisbeispiel: Citybike 3 Euro/Std., 14 Euro/Tag, Mountainbike 4 Euro/Std., 23 Euro/Tag.

Wollt ihr das wahre Florenz-Feeling? Dann mietet eine ⚑ Vespa, Florenz hat die meisten Italiens – für 60 Euro/Tag bei *Vesparental (April–Okt. tgl. 9.30–17.30 Uhr, Nov.–März So geschl., Dez.–Feb. nur nach tel. Vereinbarung | Via Il Prato 50r | Tel. 0 55 38 50 45 | vesparental.eu | ⏧ D4)*.

VOR ORT

ÖFFNUNGSZEITEN

Direkt im Zentrum sind die meisten Geschäfte sieben Tage die Woche 9.30–20 Uhr geöffnet, ansonsten 9.30–13 und 16–19 Uhr. Das kann allerdings variieren. In Restaurants wird normalerweise 12.30–14.30 und 19.30–22.30 gekocht, nur wenige haben durchgängig geöffnet.

AUSKUNFT IN FLORENZ

firenzeturismo.it: Das offizielle Portal der Stadt informiert über das aktuelle Veranstaltungsprogramm und die Museen, hilft bei der Quartiersuche und bietet Kartenmaterial und Broschüren, darunter Stadtpläne oder Weinführer, kostenlos zum Download. Broschüren, Stadtpläne oder Hotelreservierungen bei den *Infopoints: Piazza Stazione 4 (Mo–Sa 9–19, So 9–14 Uhr | Tel. 0 55 21 22 45 | ⏧ E4), Piazza San Giovanni (Mo–Sa 9–19, So 9–14 Uhr | Tel. 0 55 28 84 96 | ⏧ F5), Via Cavour 1r (Mo–Fr 9–13 Uhr | Tel. 0 55 29 08 32 | ⏧ F4), Aeroporto Amerigo Vespucci/Ankunftshalle (tgl. 9–19 Uhr | Tel. 0 55 31 58 74).*

Für Veranstaltungstipps gibt es die Hefte *Informacittà (informacitta.net), Firenze Today (firenzetoday.it)* oder Firenze Spettacolo (firenzespettacolo.it). Gut und auf Englisch ist *The Florentine* (theflorentine.net) mit Events, Kultur, Restauranttipps und News oder alternativ *Visit Florence* (visitflorence.com).

INTERNET & WLAN

Internetseiten sind in Italien oft verwirrend. Aber mit ein bisschen Geduld geht's normalerweise. WLAN haben aber mittlerweile fast alle Hotels, Bars und Restaurants. Zudem bietet die Stadt kostenlosen Internetzugang, wenn es denn funktioniert. Einloggen unter „Firenze WiFi". Sollte sich nichts tun, *ansa.it* oder *repubblica.it* eingeben und hoffen. Kostenlose Hotspots gibt es viele, *wifisharing.co* hilft beim Suchen – oder ihr ladet euch die App *wiMan* runter.

TELEFON & HANDY

Roaminggebühren fallen im europäischen Ausland weg, Telefonieren ist also in Italien genauso teuer wie in Deutschland/Österreich (Schweiz etwas teurer). Die Ortsvorwahl ist in Italien Bestandteil der Telefonnummer und muss immer (auch die Null!) mitgewählt werden. Vorwahl nach Italien *0039,* von Italien nach Deutschland *0049,* nach Österreich *0043,* in die Schweiz *0041.*

FIRENZE CARD 🐷

Wirklich praktisch! Für 85 Euro könnt ihr euch einmaligen Eintritt zu allen wichtigen Museen verschaffen ohne lästiges Schlangestehen. Einfach zur Kasse *(Fast Track Line),* Karte zeigen, reingehen. Die Karte gibt's online oder an verschiedenen Verkaufsstellen (Infos auf der übersichtlichen Seite *firenzecard.it*), und ist vom ersten Gebrauch an für 72 Stunden gültig. Pro Karte darf ein Minderjährger der Familie gratis mit, und für 7 Euro extra könnt ihr auch die öffentlichen Verkehrsmittel nutzen.

TICKETS & VORVERKAUF

Die Schlangen sind vor den Top-Sehenswürdigkeiten extrem lang. Aber über die Website von *Firenze Musei (firenzemusei.it)* sind Tickets auch online erhältlich. Man wählt eine Zeitspanne und holt sich sein Ticket an einem Extra-Schalter. Nicht ohne Anstehen, aber deutlich schneller.

MUSEEN

Sparen beim Museumseintritt: Alle 🐷 EU-Besucher unter 25 Jahren zahlen in den staatlichen Museen der Stadt einen ermäßigten Preis. Unter 18 ist der Eintritt sogar ganz frei (Ausweis nicht vergessen!).

Glück auch für diejenigen, die außerhalb der Hauptsaison nach Florenz reisen: Alle staatlichen Museen öffnen von Oktober bis März am ersten Sonntag des Monats zur 🐷 *Domenica al Museo* kostenlos ihre Türen, darunter auch die Uffizien, der Palazzo Pitti, die Galleria dell'Accademia, die Cappelle Medicee oder die etwas außerhalb gelegenen Medici-Villen Castello und Petraia. Im Frühling ist der Eintritt sogar eine Woche lang anlässlich der *Settimana dei Musei* frei. Den exakten Termin erfahrt ihr unter *imuseidifirenze.it/musei-gratis-firenze.*

INSIDER-TIPP
Gratis ins Museum

STADTTOUREN

👥 Hop on – hop off! Nette Tour mit vielen Ein- und Aussteigsmöglichkeiten und im Sommer mit frischem Wind um die Nase bietet der Bus von *City-Sightseeing Firenze (Ticket 23 Euro/24 Std., Kinder bis 4 Jahre gratis, bis 15 Jahre ermäßigt | city-sightsee ing.it/it/firenze)*. Angeboten werden zwei verschiedene Routen, die quer durch die Stadt bis hinauf auf die grünen Hügel führen. Die Busse verkehren im 30- bis 60-minütigen Rhythmus. Audioguides geben Erklärungen in acht Sprachen. Tickets und Pläne gibt's direkt im Bus oder im Hotel.

Die Sparvariante geht auch mit dem 🚌 *Elektrobus C3 (Standardticket 1,50 Euro)*. Der fährt durch die kleinen Gassen der Altstadt und bringt euch auch rüber auf die andere Seite des Arno.

Individuelle Sightseeingtouren für Einzelpersonen und Gruppen (teilweise auch auf Deutsch) muss man reservieren, z. B. bei *Florence and Tuscany Tours (Via della Condotta 12 | Tel. 0 55 21 03 01 | florenceandtuscany tours.com | mobil 34 93 16 46 77), Art Viva Walking Tours (Via dei Sassetti 1 | Tel. 05 52 64 50 33 | artviva.com)* oder mit dem Rad bei *I bike Florence (Via de'Lamberti 1 | Tel. 0 55 28 11 03 | ibikeflorence.com)*. Ein individuelles Programm gestalten euch professionelle Stadtführerinnen wie *Susanna Probst (mobil 32 74 58 37 99)*.

TRINKGELD

Kann man geben, muss man aber nicht. In Restaurants sind bei guter Bedienung um die 10 Prozent natürlich trotzdem nett, in Bars, Kneipen, im Taxi oder beim Friseur gibt es von Florentinern normalerweise nichts. Begründung: Ist alles schon teuer genug!

WAS KOSTET WIE VIEL?

Eis	ab 2 Euro für eine Portion mit zwei Sorten
Espresso	1,10 Euro für eine Tasse Espresso an der Stehbar
Snack	ab 8 Euro für einen Mittagsteller in der Bar
Busfahrt	1,50 Euro für eine Fahrkarte mit 90 Min. Gültigkeit
Mobike	99 Cent für 20 Min. Fahrt
Flughafen-transfer	ca. 25 Euro für ein Taxi in die City plus Gepäckzuschlag

RECHNUNGEN & BELEGE

Alle Rechnungen und Belege – selbst der Bon für einen *caffè* oder ein Glas Wasser an der Bar – müssen mindestens 100 m mitgeführt werden. Das soll Steuerbetrug verhindern.

Hinweis fürs Luxusshoppen: Bar bezahlt werden darf nur bis 999,99 Euro.

UMWELTFREUNDLICH TRINKEN

Italien ist nicht gerade bekannt für sparsamen Plastikverbrauch, aber in

Florenz kann man sich Trinkwasser (sogar mit Kohlensäure) aus städtischen Brunnen abfüllen und so auf auf Plastikflaschen verzichten. Zentral der *Piazza della Signoria (Ⅲ F5)*, oder ihr sucht im Internet unter „Fontanelli a Firenze" nach der nächsten Quelle.

FUSSBALL
Wer auch im Urlaub nicht ohne Fußball auskommt: Heimspiele der Fußballmannschaft *A. C. F. Fiorentina (fiorentina.it)* finden jeden zweiten Sonntag statt. Tickets an den offiziellen Vorverkaufsstellen direkt am *Stadio Comunale Artemio Franchi (Mo–Fr 10–19, So ab 17 Uhr vor Spielbeginn | Via dei Sette Santi/Via Dupré | Tel. 055 57 12 59 | Ⅲ K3)* und am *Mercato Centrale (Mo–Sa 10–14 und 15–19.30 Uhr | Piazza del Meracto Centrale | Tel. 05 52 74 11 49 | Ⅲ E4)*. Wichtig: Aus Sicherheitsgründen gibt es Tickets nur gegen Vorlage des Personalausweises!

FEIERTAGE

1. Januar	Neujahr
6. Januar	Dreikönigsfest
März/April	Ostersonntag/-montag
25. April	Tag der Befreiung vom Faschismus
1. Mai	Tag der Arbeit
2. Juni	Tag der Republik
24. Juni	Tag des Stadtpatrons
15. Aug.	Mariä Himmelfahrt
1. Nov.	Allerheiligen
8. Dez.	Mariä Empfängnis
25./26. Dez.	Weihnachten

ZOLL
Kein Problem für EU-Reisende. Schweizer und alle Durchreisenden sollten nicht mehr als 5 l Öl oder Spirituosen (unter 18 Prozent), 1 l (über 18 Prozent) oder 250 Zigaretten dabeihaben (weitere Infos unter *ezv.admin.ch*).

NOTFÄLLE

NOTRUFE
Carabinieri (112);
Feuerwehr (115);
Polizei (Unfall) (113);
Notarzt (118)

DIPLOMATISCHE VERTRETUNGEN

DEUTSCHES HONORARKONSULAT
Mo–Fr 9.30–12.30 Uhr | Corso dei Tintori 3 | Tel. 05 52 34 35 43 | florenz@hk-diplo.de | Ⅲ G6

ÖSTERREICHISCHES HONORARKONSULAT
Mo–Fr 10–12 Uhr | Lungarno Vespucci 58 | Tel. 05 52 65 42 22 | cons.austria@alpiworld.com | Ⅲ E5

SCHWEIZER HONORARKONSULAT
Do, Fr 16–17 Uhr | im Hotel Park Palace | Piazzale Galileo 5 | Tel. 0 55 22 24 34 | cons.suisse.firenze@fol.it | Ⅲ F8

DIEBSTAHL
Beklaut worden? Dann direkt zur Polizei oder zu den Carabinieri. Hauptsitz: *Borgo Ognissanti 48 (Tel. 05 52 76 61 | Ⅲ E5).*

GESUNDHEIT

APOTHEKEN

Zentral und rund um die Uhr geöffnet ist die *Farmacia Comunale No 13 (🚇 E4)* im Hauptbahnhof, ebenso im Zentrum die *Farmacia Molteni (Via Calzaiuoli 7r | 🚇 F5)* und die *Farmacia all'Insegna del Moro (Piazza S. Giovanni 20r | 🚇 F4)*.

KRANKENHAUS

Für kleinere Probleme gibt es eine ärztliche Versorgung für Touristen zentral direkt neben dem Dom bei der *Misericordia (Vicolo degli Adimari 1 | 🚇 F4)*. Auch helfen die zumindest Englisch, eventuell auch Deutsch oder Französisch sprechenden Ärzte vom *MedicalService (Via Roma 4 | Tel. 055 47 54 11 | medicalservice.firenze. it | 🚇 F5)* sowie die Ärzte von *Medico-Subito (Via Bessi 2a | Scandicci | Tram T1 ab Hauptbahnhof, Haltestelle Resistenza | Tel. 055 71 11 11 | 🚇 0)*.
Krankenhäuser: Notfallaufnahme *(pronto soccorso)* im *Ospedale di Careggi (Viale Gaetano Pieraccini | Tel. 055 79 41 11 | 🚇 0)* und im *Ospedale Santa Maria Nuova (Piazza Santa Maria Nuova 1 | 🚇 G4)*. Für Kinder zuständig ist das *Ospedale Meyer (Villa Ognissanti | Viale Pieraccini 24 | Careggi | Tel. 05 55 66 21 | 🚇 0)*.

WICHTIGE HINWEISE

SICHERHEIT

Florenz ist relativ sicher. In Bahnhofsnähe wird jedoch sehr viel geklaut. Daher auf Gepäck (vor allem Taschen und Rucksäcke) aufpassen.

WETTER IN FLORENZ

■ Hauptsaison
■ Nebensaison

	JAN.	FEB.	MÄRZ	APRIL	MAI	JUNI	JULI	AUG.	SEPT.	OKT.	NOV.	DEZ.
Tagestemperaturen	8°	10°	14°	19°	23°	28°	31°	30°	26°	19°	13°	9°
Nachttemperaturen	2°	3°	6°	9°	13°	16°	19°	19°	16°	12°	7°	3°
☀️	4	4	5	6	7	9	10	9	7	6	4	4
☂️	9	7	8	8	9	6	3	4	6	9	11	9

☀️ Sonnenschein Stunden/Tag   ☂️ Niederschlag Tage/Monat

SPICKZETTEL
ITALIENISCH

SMALLTALK

Ein Akzent steht im Italienischen nur, wenn die letzte Silbe betont wird. Ansonsten haben wir die Betonung durch einen Punkt unter dem betonten Vokal angegeben.

ja/nein/vielleicht	sì/no/fọrse
bitte/danke	per favọre/grazie
Entschuldige!/Entschuldigen Sie!	Scụsa!/Scụsi!
Wie bitte?	Cọme dịce?/Prẹgo?
Gute(n) Morgen!/Tag!/Abend!/Nacht!	Buọn giọrno!/Buọn giọrno!/Buọna sẹra!/Buọna nọtte!
Hallo!/Tschüss!/Auf Wiedersehen!	Ciạo!/Ciạo!/Arrivedẹrci!
Ich heiße …	Mi chiạmo …
Wie heißen Sie?/Wie heißt du?	Cọme si chiạma?/Cọme ti chiạmi?
Ich möchte …/Haben Sie …?	Vorrẹi …/Avẹte …?
Das gefällt mir (nicht).	(Non) mi piạce.
gut/schlecht	buọno/cattịvo

ZEIGEBILDER

ESSEN & TRINKEN

Die Speisekarte, bitte.	Il menù, per favore.
Flasche/Karaffe/Glas	bottiglia/caraffa/bicchiere
Messer/Gabel/Löffel	coltello/forchetta/cucchiaio
Salz/Pfeffer/Zucker	sale/pepe/zucchero
Essig/Öl/Milch/Sahne/Zitrone	aceto/olio/latte/panna/limone
mit/ohne Eis/Kohlensäure	con/senza ghiaccio/gas
kalt/versalzen/nicht gar	freddo/troppo salato/non cotto
Vegetarier(in)/Allergie	vegetariano/vegetariana/allergia
Ich möchte zahlen, bitte.	Vorrei pagare, per favore.
Rechnung/Quittung/Trinkgeld	conto/ricevuta/mancia
bar/Kreditkarte	in contanti/carta di credito

NÜTZLICHES

Wo finde ich …?	Dove posso trovare …?
links/rechts/geradeaus	sinistra/destra/dritto
Wie viel Uhr ist es?	Che ora è? Che ore sono?
Es ist drei Uhr./Es ist halb vier.	Sono le tre./Sono le tre e mezza.
heute/morgen/gestern	oggi/domani/ieri
Wie viel kostet …?	Quanto costa …?
zu viel/viel/wenig/alles/nichts	troppo/molto/poco/tutto/niente
teuer/billig/Preis	caro/economico/prezzo
Wo finde ich einen Internetzugang/WLAN?	Dove trovo un accesso internet/wi-fi?
offen/geschlossen	aperto/chiuso
kaputt/funktioniert nicht	guasto/non funziona
Panne/Werkstatt	guasto/officina
Fahrplan/Fahrschein	orario/biglietto
Zug/Gleis/Bahnsteig	treno/binario/banchina
Hilfe!/Achtung!/Vorsicht!	Aiuto!/Attenzione!/Prudenza!
Verbot/verboten/Gefahr/gefährlich	divieto/vietato/pericolo/pericoloso
Apotheke	farmacia
Fieber/Schmerzen	febbre/dolori
0/1/2/3/4/5/6/7/8/9/10/100/1000	zero/uno/due/tre/quattro/cinque /sei/sette/otto/nove/dieci/cento/mille

FLORENZ FEELING

ZUM EINSTIMMEN & AUSKLINGEN

LESESTOFF & FILMFUTTER

📖 DAS WUNDER VON FLORENZ

Bei Ross King geht es um die wirklich unglaubliche Geschichte vom Bau der Domkuppel, es geht um Brunelleschi, seinen Kampf gegen Neider und Spötter, um Intrigen und andere Widrigkeiten. Ein Geschichtsbuch, aber geschrieben wie ein Thriller. (2014)

📖 INFERNO

Spannend bis zur letzten Seite: Der vierte Dan-Brown-Krimi um den sympathischen Symbolforscher aus Harvard, Robert Langdon, spielt überwiegend in Florenz und bezieht so Orte und Persönlichkeiten der Stadt mit ein. (2013)

🎥 ZIMMER MIT AUSSICHT

Romantisch: James Ivorys Verfilmung der um 1900 spielenden Liebesgeschichte zwischen der wohlerzogenen Miss Honeychurch und dem exzentrischen, aber attraktiven jungen George erhielt drei Oscars – gedreht u.a. an der Piazza della Signoria. (1986)

🎥 TEE MIT MUSSOLINI

Mit beißendem Humor gespickt: Seine autobiografische Tragikomödie über das Schicksal englischer „Florentiner" bei Kriegsende drehte Franco Zeffirelli in der Innenstadt und über den Hügeln von Florenz. (1999)

PLAYLIST QUERBEET

 0:58

II IRENE GRANDI – BRUCI LA CITTÁ
Mit Liedern wie „Bruci la cittá" hat die in Florenz geborene Irene Grandi die italienische Popmusik der letzten 20 Jahre mitbestimmt.

▶ **I RAGGAZZI SCIMMIA** – UN PEZZO IN FA
Auch aus Florenz, wilder Rock-Jazz-Balkan-Punk-Mix. Im Video kann man dem Sänger beim Spaziergang durch die Stadt zusehen.

*Den Soundtrack zum Urlaub gibt's auf **Spotify** unter MARCO POLO Italy*

▶ **LITFIBA** – GIOCONDA
Die 1980 in Florenz gegründete Band hat die Rockszene von ganz Italien beeinflusst.

II NARCISO PARIGI – INNO DELLA FIORENTINA
Die Hymne des Florentiner Fußballvereins. Und alle grölen mit.

▶ **IVAN GRAZIANI** – FIRENZE CANZONE TRISTE
Melancholisch, aber schön. Ein Lied über eine ungelebte Liebe.

Oder Code mit Spotify-App scannen

AB INS NETZ

GIRLINFLORENCE.COM
Im Blog von Georgette, die als „Girl in Florence" seit 2012 neue Top-Adressen aufspürt, findet ihr mehr als nur Tipps zum Essen, Ausgehen und Shoppen. wissen muss. Immer aktuell und auf Englisch. Alle zwei Wochen erscheint das Magazin auch in der Printversion.

VIMEO.COM/18268458
Romantik für zu Hause: ein Spaziergang durch Florenz im rot-goldenen Sonnenuntergang.

THEFLORENTINE.NET
Hier erfahrt ihr, was in der Stadt gerade so los ist. Lifestyle, Kultur, Essen und Trinken und alles, was man so

OSTERIE D'ITALIA
Auf der Suche nach dem besonderen Restaurant? Die italienische Slow-Food-Bewegung empfiehlt außergewöhnlich gute Adressen.

CIAOCIAOFIRENZE.IT
Stefanie, Autorin dieses Marco Polo, gibt weitere Tipps, erzählt Geschichten und informiert über die neuesten Trends in der Stadt – auf Deutsch.

TRAVEL PURSUIT

DAS MARCO POLO URLAUBSQUIZ

Weißt du, wie Florenz tickt? Teste hier dein Wissen über die kleinen Geheimnisse und Eigenheiten von Stadt und Leuten. Die Lösungen findest du in der Fußzeile. Und ganz ausführlich auf den S. 20–25.

❶ Wer hat die Domkuppel gebaut?
a) Alberti
b) Brunelleschi
c) Michelangelo

❷ Wie heißt der Künstler, der iStraßenschilder zu Street-Art macht?
a) Clet
b) Jeff
c) Edo

❸ Welche Kleidung trugen Mitarbeiter der Misericordia bis 2006?
a) Orangene Kutten, um in Notsituationen sofort erkannt zu werden
b) Schlichte Outfits von Ferragamo
c) Schwarze Kapuzenkutten mit Augenschlitzen, um uneitel zu helfen

❹ Wer hat das Speiseeis erfunden?
a) Ein Geflügelhändler
b) Caterina de' Medici
c) Der französische König

❺ Wie kamen die Medici zu ihrem Geld?
a) Durch Immobilienspekulation
b) Durch Bankgeschäfte
c) Durch Kunstraub
d)

❻ Was ist Pitti Uomo?
a) Eine internationale Modemesse
b) Ein bekannter Straßenmusiker
c) Der Hund des exzentrischen Designers Pucci

Zur Linderung von mäßig ausgeprägten entzündlichen Hauterkrankungen

Jetzt einpacken!

FeniHydrocort – das Multitalent bei

- *Entzündeten Insektenstichen*
- *Sonnenallergie*
- *Leichtem Sonnenbrand*
- *Kontaktallergie*

FeniHydrocort Creme 0,5 % Wirkstoff: Hydrocortison. **Anwendungsgebiete:** Zur Linderung von mäßig ausgeprägten entzündlichen Hauterkrankungen. **Warnhinweis:** Enthält Cetylstearylalkohol und Kaliumsorbat. **Apothekenpflichtig.** Stand: 09/2017. **Zu Risiken und Nebenwirkungen lesen Sie die Packungsbeilage und fragen Sie Ihren Arzt oder Apotheker.**

Marken sind Eigentum der GSK Unternehmensgruppe oder an diese lizenziert. ©2020 GSK oder Lizenzgeber.

CHDE/CHFENI/0050/19 – 20191120

REGISTER

LOB ODER KRITIK? WIR FREUEN UNS AUF DEINE NACHRICHT!

Trotz gründlicher Recherche schleichen sich manchmal Fehler ein. Wir hoffen, du hast Verständnis, dass der Verlag dafür keine Haftung übernehmen kann.

MARCO POLO Redaktion • MAIRDUMONT • Postfach 31 51 73751 Ostfildern • info@marcopolo.de

Impressum
Titelbild: Duomo di Santa Maria del Fiore (Look/Jalag: L. Spörl)
Fotos: AWL: M. Simoni (132/133), M. Sykes (80/81), C. Unger (94/95); DuMont Bildarchiv: C. Anzenberger-Fink (64/65); huber-images: S. Amantini (74), M. Borchi (56, 62, 124), P. Canali (2/3, 6/7, 30), S. Cellai (45, 52/53, 128), G. Cozzi (19, 59, 85, 92), Gräfenhain (35), J. Huber (9), S. Raccanello (114/115), M. Rellini (28/29, 33, 61), G. Simeone (55, 110/111), O. Stadler (20); Laif (51); laif: R. Celentano (112/113); Laif: Galli (102); laif: S. Gladieu (105), P. Hauser (98); laif/contrasto: S. Donati (101); laif/Gallo Images/Ideas: E. O'Riley (66/67); Laif/hemis.fr: R. Mattes (41); laif/Polaris: L. Sabatelli (91); laif/robertharding: C. Moruccio (127); Look: Richter (23); Look/age fotostock (36/37); S. Matthias (147); mauritius images/Alamy (4, 46, 48, 58, 72, 87, 88), S. Abbondio (11, 79), A. Mejia (144), D. Parker (38/39), M. Ramirez (8); mauritius images/Alamy/ Wietse Michiels Travel Stock (Klappe aussen, Klappe innen, 1); mauritius images/Alliance/Alamy (106/107); mauritius images/Clearview/Alamy (108/109); mauritius images/CuboImages: Gimmi (42); mauritius images/Cultura: S. Delauw (142/143); mauritius images/Imagebroker: M. Wolf (122); mauritius images/MARKA/Alamy (120/121); mauritius images/Scenics & Science/Alamy (14/15); C. Romig-Ciccarelli (10); Schapowalow: S. Amantini (71), M. Borchi (12/13, 131); S. Spieler (147); O. Stadler (77)

16. Auflage 2020, komplett überarbeitet und neu gestaltet
© MAIRDUMONT GmbH & Co. KG, Ostfildern
Autorinnen: Stephanie K. J. Matthias, Stefanie Elisabeth Spieler, Caterina Romig Ciccarelli
Redaktion: Marlis v. Hessert-Fraatz
Bildredaktion: Ina-Marie Inderka
Kartografie: © MAIRDUMONT, Ostfildern (S. 116–117, 119, 123, 126, 130, Umschlag innen, Umschlag außen, Faltkarte); © MAIRDUMONT, Ostfildern, unter Verwendung von Kartendaten von OpenStreetMap, Lizenz CC-BY-SA 2.0 (S. 26–27, 31, 43, 49, 54, 63, 68–69, 82–83, 96–97)
Als touristischer Verlag stellen wir bei den Karten nur den De-facto-Stand dar. Dieser kann von der völkerrechtlichen Lage abweichen und ist völlig wertungsfrei.
Gestaltung Cover, Umschlag und Faltkartencover: bilekjaeger_Kreativagentur mit Zukunftswerkstatt, Stuttgart; Gestaltung Innenlayout: Langenstein Communication GmbH, Ludwigsburg
Spickzettel: in Zusammenarbeit mit PONS GmbH, Stuttgart
Konzept Coverlines: Jutta Metzler, bessere-texte.de
Printed in Poland

MIX
Paper from responsible sources
FSC® C018236
www.fsc.org

MARCO POLO AUTORINNEN
STEPHANIE MATTHIAS UND STEFANIE SPIELER

Florenz hat eine magnetische Wirkung. Ist man einmal da, kommt man nicht mehr weg. Und so wurden aus mehreren Monaten viele Jahre. Da sind sich die Autorinnen, die heute beide am Deutschen Institut Deutsch als Fremdsprache unterrichten, nicht nur im Namen ähnlich. Stephanie hat, bevor sie Fach und Land wechselte, in Berlin Biochemie studiert, Stefanie in Nürnberg Kommunikationsdesign.

Schlafen Sie gut und sparen Sie schön.

Jetzt mit dem ÖBB Nightjet über Nacht die schönsten Metropolen Europas entdecken.

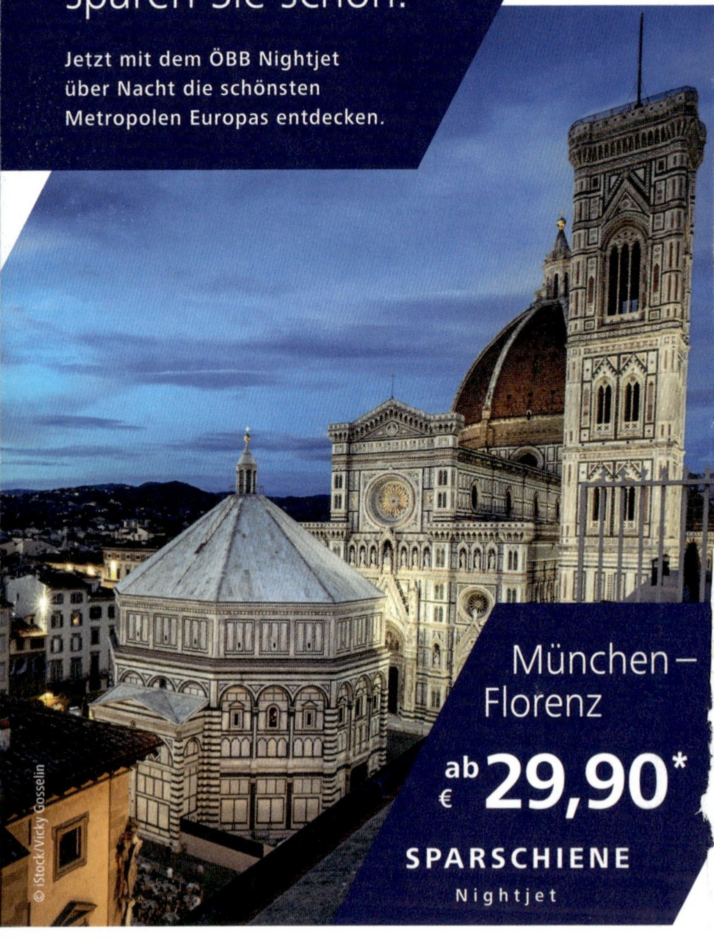

© iStock Vicky Gosselin

München–Florenz
ab 29,90*
€

SPARSCHIENE
Nightjet

Infos & Buchung auf **nightjet.com** ·

* Ab-Preis im Sitzwagen 2. Klasse pro Person und Richtung inkl. Sitzplatzreservierung, kontingentiertes und zuggebundenes Angebot, max. 6 Monate (180 Tage) vor Fahrtantritt buchbar. Liege- oder Bettplatz sind aufpreispflichtig. Keine Ermäßigungen. Stornierung und Erstattung ausgeschlossen. Stand Jänner 2020.